Meine Reise zum Mars, zum Mond und zur Venus

Übersetzung der amerikanischen Ausgabe

von Studienrätin L. Kalweit
mit Lektorat von C.M. und E. Sch.

Titel der Originalausgabe:

"My Trip to Mars, the Moon
and Venus
by Buck Nelson
Mountain View/Missoury
Quill Press Company,
West Plains, Missoury"

Umschlagentwurf und -gestaltung:
Andreas Görtz

VENTLA-Verlag Nachfolger
Hohenzollernstraße 9
D-33330 Gütersloh

2. Auflage 1997
ISBN 3-929380-42-0

Herstellung:
TURMALIN Verlags- und Vertriebs GmbH
Hohenzollernstraße 9
D-33330 Gütersloh

Meine Reise
zum Mars
zum Mond
und zur Venus

von

Buck Nelson

VENTLA-Verlag Nachfolger
Hohenzollernstraße 9
D-33330 Gütersloh

2. Auflage 1997

Zur deutschen Herausgabe

Die folgenden Seiten vermitteln in geballter Form eine Kurzschau über die ethische, wissenschaftliche und kosmische Bedeutung der Jetztzeit und die Beziehungen zwischen dem Universum und der Erdenmenschheit. Daher sollte diese Broschüre nicht nur von den Freunden der UFO/IFO-Forschung, sondern vor allem von Astronautikern, aber noch viel intensiver von führenden Politikern und Strategen studiert werden.

Die Kennzeichnung der Weltlage ist darin an verschiedenen Stellen so vortrefflich und ernst dargetan, daß sie auch von jedem nur mittelmäßig an der Weiterentwicklung unseres diabolischen Atomzeitalters Interessierten verstanden werden kann. Der unheimliche Ernst unserer Situation wie aber auch die vertrauenerweckende Überwachung seitens uns überlegener Weltraumfreunde wird uns konzentriert mit viel Wissenswertem vor Augen gestellt.

Es ist erstaunlich, daß dieses Buch bereits im Jahre 1950 in USA veröffentlicht wurde. In der Zwischenzeit sind die darin dargebotenen Erkenntnisse und Erfahrungen zu einem großen Teil von anderen Kontaktlern bestätigt und gleichfalls gemacht worden. Zu kaum einer anderen Zeit tat Aufklärung so not wie zu der unsrigen.

Karl L. Veit
(im Jahre 1961)

Zur neuen Auflage

Der VENTLA-Verlag befindet sich seit Mitte des Jahres 1994 in neuer Obhut. Der Verlag wird unter dem Namen "VENTLA-Verlag Nachfolger" fortgeführt. Der neue Sitz ist Gütersloh.

An dieser Stelle möchten wir den ehemaligen Verlagsinhabern Karl L. Veit und seiner Frau Anny unseren Dank aussprechen. Über vierzig Jahre ihres Lebens haben diese beiden lieben Seelen sich in unermüdlicher Arbeit und selbstloser Liebe um die UFOlogie verdient gemacht. Wissend um ihre Aufgabe haben sie mit dieser Verlagstätigkeit fast ihr ganzes Leben der Verbreitung dieser Thematik in Wort und Schrift gewidmet. Dabei haben sie immer mit der Unterstützung der geistigen Welt und unter besonderer Führung unseres Herrn Jesus Christus gestanden, der immer wieder dafür gesorgt hat, daß es Mittel und Wege gab, den suchenden Seelen auf ihrem Weg zu helfen und zur Erweiterung des individuellen sowie des kollektiven Bewußtseins beizutragen.

Ganz besonderen Dank möchten wir Karl und Anny Veit aussprechen, daß wir das von Ihnen begonnene große Lebenswerk im Sinne des Alleinen und unserer Raumgeschwister fortführen dürfen.

Einige Zeit war dieses an Ausblicken und tiefen Einsichten reiche Kleinod der Welt-UFO-Literatur vergriffen. Jetzt möchten wir es erneut den vielen Lesern der deutschsprachigen UFO-Literatur zugänglich machen. Um dem Leser ein Gefühl zu dieser Broschüre und der Entstehung der ersten Ausgabe im Jahre 1964 zu vermitteln, ist die damalige Übersetzung in ihrer Einfachheit und Schlichtheit in der Ausdrucksweise übernommen worden, um dem amerikanischen Original möglichst nahezukommen.

VENTLA-Verlag Nachfolger — J. Gottsleben (im Januar 1997)

Inhaltsverzeichnis

Fotos und Zeichnungen

Einführung zur deutschen Ausgabe

Buck Nelson aus Mountain View, Missouri, ist ein einfacher Farmer, der durch alle 48 Staaten der USA gereist ist, um sich Menschen und Sitten anzusehen.

Als er sich endgültig mit ca. 60 Jahren zur Ruhe setzen wollte, auf seiner eigenen Farm in Mountain View, hatte er - 1954 - ein erstes Erlebnis mit einem Weltraummenschen.

Er schrieb es genau an die dortige Wochenzeitung, worauf er Zuschriften erhielt, aus denen Freundschaften und später Zeugen wurden für weitere Erlebnisse mit Menschen von Mars und Venus.

Mehrere Luftwaffenbeamte besuchten ihn so oft, daß sie Buck sehr genau kennen und von seinen Erlebnissen überzeugt sind. Und diese Herren wie seine Freunde stellten von vornherein zweifellos klar, daß Bucks Kontakte *ganz real* stattfanden und nicht etwa durch den sechsten Sinn wahrgenommen wurden.

Andererseits wurde durch verschiedene Methoden versucht, ihn zum Schweigen, ja sogar ums Leben zu bringen. Dies spricht wiederum für die Wahrheit und Wichtigkeit dessen, was Buck Nelson als Tatsachen der Menschheit zu berichten hat.

Bei der Übersetzung wurde versucht, seinen Stil möglichst originalgetreu zu übertragen, um den überaus schlichten, aber grundehrlichen Charakter - wie dies auch auf seinem Bild ersichtlich ist - nicht zu verwischen.

Man darf hier bei dem Farmer als Naturkind keine stilistischen Rosengirlanden erwarten. Hauptsache bleiben ja stets die außerordentlichen Erlebnisse als solche.

Freilich hat man den Eindruck, er hätte auf Grund seiner Kosmos-Reise noch viel mehr berichten müssen. Trotzdem bleibt er in dem sich zur Zeit formenden grandiosen Mosaik konkreter Weltraum-Erfahrungen der Kontaktler ein in seiner Art bedeutsamer und notwendiger Stein.

Aber es scheint gerade die kindlich geöffnete Mentalität zu sein, die die Planetarier als „Verbindungsstation" suchen. Bei Buck Nelson mag noch die einsame Lage seiner Besitzung hinzukommen. Sollten wir daher die Dinge nicht wohlwollend hinnehmen, wie sie geschildert werden?

Nachdem wir jahrelang gewartet haben, ob sich jemand von den UFO-Forschern in USA negativ über Buck Nelsons Erlebnisse oder seinen Charakter äußern würde, was (außer einer einzigen Stimme, die aber nur eine allgemeine Vermutung aussprach) - trotz Anfragen - **nicht** geschah, veröffentlichen wir nun diese Übersetzung aus dem Amerikanischen und übergeben das Büchlein der deutschsprachigen Leserschaft, damit jeder selbst darüber urteilen kann. Buck Nelson erschien jedes Jahr auf UFO-Tagungen und hielt auf seiner Ranch selbst jedes Jahr im Juni einen Konvent ab. Zudem empfahl Ing. Daniel Fry in seinem "UNDERSTANDING" bis dato sein Büchlein.

Buck Nelson hielt auf viele Einladungen der amerikanischen Untertassen-Klubs hin immer wieder öffentliche Vorträge über seine außergewöhnlichen Kontakte, die in ihrer Eigenartigkeit und Bedeutung für sich selber sprechen und keinesgleichen haben.

Wiesbaden-Schierstein, im März 1964.

Karl L. Veit

Präsident
der Deutschen UFO/IFO-Studiengemeinschaft (DUIST) E.V.

Annähernde Route von Buck Nelsons Weltraum-Reise
Schätzungsweise im Ganzen: 800 000 000 Meilen – 1 280 000 000 km
Maßstab der Planetenbahnen: 1 : 100 000 000 Meilen

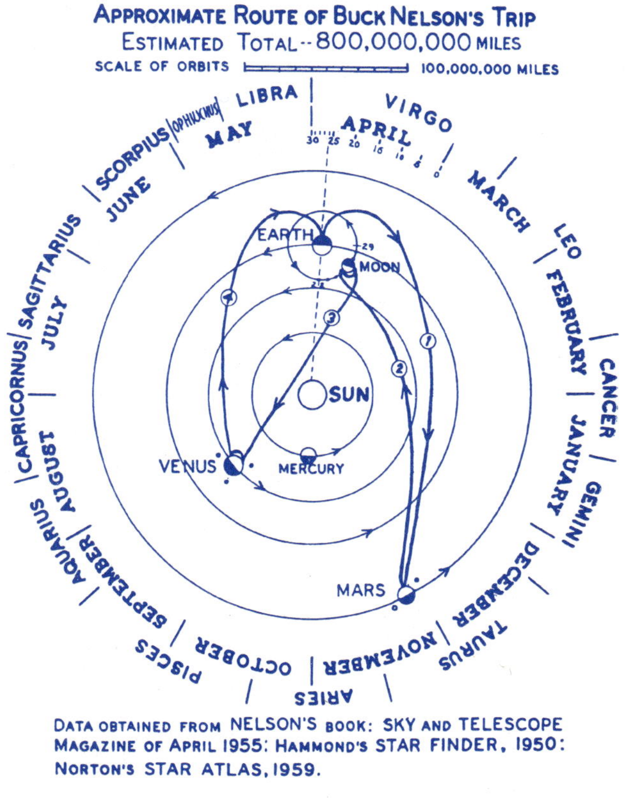

Die Angaben wurden NELSONS Buch SKY and TELESCOPE (Himmel und Teleskop) entnommen, der Zeitschrift "HAMMONDS STAR FINDER", vom April 1955 und Nortons STAR ATLAS 1959.

Buck Nelson

Die beiden riesigen, kreisförmigen Raumschiffe, die Buck Nelson am 30. Juli 1954 auf seiner Farm in Mountain View/Missouri fotografierte.

Foto eines Feuerballs
Aufnahme von B. Nelson

Einladungen zu den Freundes-Treffen auf seiner Farm.
Lageplan seiner Farm bei Mountain View.
Prospekt für die amerikanische Ausgabe seiner Broschüre.

Hier können mein Buch und viele andere Ne
Concession where my book and many other noveltie
can be purchased/erscheinungen gekauft werd

Auf dem Wege zur Zusammenkunft, Juni 1958
Above snap was taken at my first convention in June, 1958. This group had to leave their car down the road one mile away and walk in, because of traffic jam on highway "NN". Later as traffi cleared, all cars coming in to Convention found PLENTY of parking space and FREE camping on the Convention grounds.
Wegen einer Verkehrsstockung auf der Land-straße "NN" mußte diese Gruppe eine Meile zuFuß zum Camping-Platz gehen.

Oben: Buck Nelsons Bücherstand
Unten: Teilnehmer kommen zur Zusammenkunft

Teilnehmer vor der Rednertribüne bei de
Zusammenkunft im Juni 1959
Convention crowd around the Speakers
platform at the 1959 Convention.

Camping
in den Wäldern, Juni 1959
In der Mitte stehend:
Indianerhäuptling "Standing Horse"
Camping in the woods at 1959 Convention

Oben: Rednertribüne — Unten: Camping

Der indianische "Häuptling Standing Horse"
Ein Redner, Juni 1959 (Stehendes Pferd
An Indian "Chief Standing Horse"
A Speaker at 1959 Convention, Buck Nelson

Bob Young aus Waterloo/Iowa
auf seinem Motorrad
Bob Young on his motorcycle, from Waterloo, Iowa

Oben: Indianischer Redner (Kontaktler)
Unten: Begeisterter Propagandist

BUCK'S 1958 SPACECRAFT CONVENTION AREA
(speakers stand can be seen in the background)

Buck's Gelände mit Teilnehmern an der Zusammenkunft im Juni 1958
Im Hintergrund die Rednertribüne

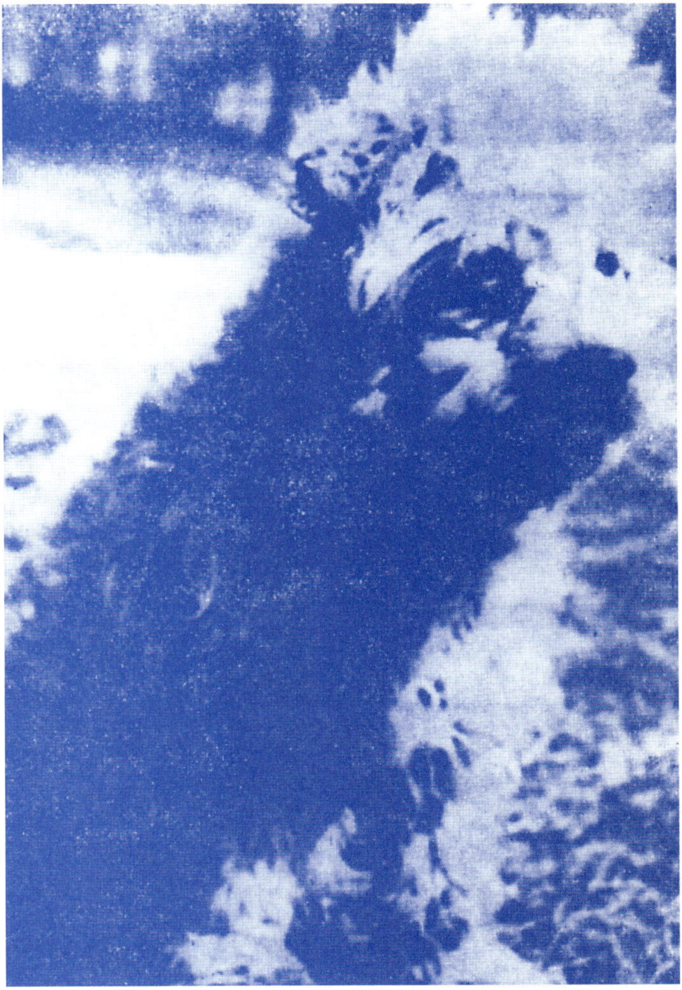

Big Bo, der Venushund

Fliegende Untertassen
sind
Wirklichkeit!

Widmung

Ich widme dieses Buch
Herrn und Frau Sherman Lowery
aus Clarkston, Michigan

Buck Nelson

Anerkennung

Ich möchte meine größte Hochachtung und meinen tiefsten Dank allen denen gegenüber aussprechen, deren Ermutigungen dazu geholfen haben, daß diese Broschüre überhaupt möglich wurde: den Lowerys für ihr Heim - ferner Nathan Riffle und vielen anderen, die mir so willig beigestanden haben.

Auch danke ich vielmals dem "Grand Rapids Flying Saucer Club" für den ersten Druck dieser Broschüre.

Dezember 1956

Buck Nelson

Kurze Selbstbiographie des Buck Nelson

Meinen Lesern will ich einen kurzen Überblick über mein Leben geben:

Ich wurde in der Nähe von Denver, Colorado, am 9. April 1895 geboren.

Den größten Teil meines Lebens habe ich auf einem Bauernhof und großen Viehfarmen verbracht. In der Schule brachte ich es nur bis zum Besuch der sechsten Klasse.

Ich habe, als ich sehr jung war, als erster Arbeiter auf vielen westlichen großen Viehwirtschaften gearbeitet. Auch eine eigene Sägemühle habe ich besessen und Holz in Blöcke zerschnitten, und zwar für Bauholz sowie für Eisenbahnschwellen. Ich habe auf der Eisenbahn Güter befördert, habe als Aushilfspolizist gearbeitet, habe geackert, einen Autoparkplatz beaufsichtigt usw.

Durch alle unsere lieben alten 48 Staaten der USA bin ich gereist und durch viele fremde Länder.

Als ich all dieser Dinge müde geworden war, sehnte ich mich wieder nach einem Bauernhof.

Ich kaufte mir 80 Acres (ungefähr 32 ha) in den Ozark-Bergen von Missouri, 20 km von der nächsten Stadt, Mountain View, Missouri, entfernt.

Hier bestellte ich das Land, kaufte eine Sägemühle und machte Bauholz und Eisenbahnschwellen.

Nach ein paar Jahren kriegten mich das Alter und die Altersleiden unter. Ich wollte ausruhen, - und ich war glücklich, daß ich mein Ozark-Bergheim hatte. Wie Sie in meiner Geschichte lesen werden, erschienen die "Fliegenden Untertassen" zum ersten Male über meinem Ozark-Bergheim am 30. Juli 1954.

Ich schrieb von diesem Erlebnis an die Springfield-Missouri-Zeitung. Sie druckten es in ihrer Tageszeitung ab.

Da ich keine Erfahrung als Schriftsteller oder als Redner hatte, wollte ich die ganze Sache fallen lassen und sie vollständig vergessen.

Da las Herr James L. Hill aus Seymour, Missouri, Route 2, der im Weltkrieg Soldat gewesen war, den Artikel in der Zeitung. Herr Hill dachte, daß die Welt von meinem Erlebnis hören müßte und sandte eine Nummer der Zeitung an die "Flying Saucer Clubs" im Osten.

Ich wurde von mehreren Leuten im Osten ausgefragt und aufgefordert, vor dem Publikum Vorträge zu halten und meine Geschichte auf dem Podium, in Sälen, Schulen und Kirchen zu erzählen.

So sind die Welt und ich Herrn James L. Hill zu Dank verpflichtet.

Auch George Adamski hat viel getan, um mir zu helfen, und er sagte der Welt, daß er meine Geschichte glaubt.

Nun bin ich dankbar, daß meine Geschichte nicht gleich unter den Tisch gefallen und vergessen worden ist, da ich seitdem viele Kontakte mit den Weltraumleuten gehabt und auch den Ausflug zum Mars, zum Mond und zur Venus gemacht habe, wofür ich ewig danken werde.

Mögen also die Leser nun meine Geschichte hören. Bis ins kleinste ist alles wahr!

Buck Nelson

Vorwort

von Fanny Lowery

Freunde: Der Grund, warum ich, eine Hausfrau und Näherin, Ihnen Buck Nelson vorstelle, ist der, weil ich glaube, daß ich ihn besser kenne als irgendein anderer, außer seinen Freunden und Nachbarn seines Besitztums.

Einige Beamte der Luftwaffe haben ihn so viele Male besucht, daß sie ihn ziemlich gut kennen, aber sie dürfen - wenn überhaupt - nicht viel über seine Erlebnisse sprechen.

Das Erlebnis von Buck Nelson kann sogar die Gemüter derjenigen von uns tüchtig in Aufruhr versetzen, die die Gesetze der Ontologie (Lehre vom Sein) studiert haben.

Wenn Sie ihn indessen für eine Person halten, deren Arbeit dem Wirken Johannes des Täufers ähnlich ist, welcher das Kommen eines großen Lehrers vorhersagte, dann ist es nicht so schwer zu fassen.

Hat ein Mensch eine gründliche Ausbildung in bestimmten wissenschaftlichen Fächern erhalten, dann ist es ihm praktisch unmöglich zu glauben, daß Mr. Nelsons Ausflug "im physischen Körper" stattgefunden hat, und er hält diese Reise nur für einen "Seelenflug". Zum Beispiel die Schnelligkeit, mit welcher die interplanetarischen Schiffe reisen, macht es (scheinbar) unmöglich, die ganze Vorstellung von ihnen in den Rahmen unserer eigenen Methoden der Fortbewegung einzufügen. Sogar Raketen können nicht mit ihnen verglichen werden.

Man muß begreifen können, daß da eine ganz andere Methode der Fortbewegung im Spiele ist. Diese interplanetarischen Schiffe gebrauchen magnetische Kraft und bewegen sich beinahe geräuschlos. Sie benutzen Energielinien, welche zwischen der Sonne und den Planeten existieren, gerade so, wie es Energielinien zwischen einem Magneten und einem Stück Stahl gibt, die entweder anziehen oder durch Umpolung abstoßen können.

Die Weltraumleute berichten uns, daß sie jederzeit in unsere Atmosphäre kommen können, daß es aber besser für sie sei, um Mitternacht wieder abzufahren. Der Mond wirkt ebenso auf ihre Reisen, wie er unsere Gezeiten beeinflußt. Sie reisen *mit* den Naturkräften, anstatt daß diese gegeneinander eingesetzt werden.*)

Wenn uns Buck Nelson von seinem Flug nach Mars, Mond und Venus berichtet, so erzählt er uns nur, was er mit seinen fünf Sinnen wahrgenommen hat. Jeder von Ihnen kann seine Erfahrungen mit allem, wofür er sich am meisten interessiert, vergleichen.

Als "Bucky von der Venus" Buck Nelson am Weihnachtstag 1955 besuchte, erzählte er ihm von einigen Dingen, die auf anderen Planeten den Vorrang haben, von Zuständen, auf die wir hinarbeiten sollten, wenn wir jemals einen Anfang von jener Lebensart machen wollen, worum *Jesus* uns zu beten lehrte, als *Er* uns das Vaterunser gab. Jener "himmlische Zustand muß erreichbar sein, oder es wäre uns sonst nicht gelehrt worden, daß der Wille des Vaters ebenso auf Erden geschehen möge wie im Himmel.**)

Sicherlich wollte *Jesus* uns nicht lehren, um etwas zu bitten, was wir niemals besitzen können.

Als Herr Nelson die Untertassen zum ersten Male sah - beson-

---

*) Wie dies beim Explosionsprinzip unserer Motoren oder beim Rückstoß der Raketen geschieht. D.H.

**) Wir wollen hier das naturmäßige Firmament mit den physisch sichtbaren Sternen - vom geistigen Himmel und seinen unendlichen vielen Sphären unterscheiden. D.H.

ders die, welche am niedrigsten flog -, wollte er gern wissen, was das für ein Ding wäre und nannte es sofort "Das Ding".

Die Ortszeitung und die Landwirtschaftliche Zeitschrift, die er hielt, druckten gar nichts über Untertassen ab; so hatte er nicht die leiseste Vorstellung davon, was sie waren. Es wurde ihm vorgeworfen, daß er den Bericht über seine Erlebnisse aus "Untertassen"-Büchern genommen hätte, aber er besaß zu jener Zeit nicht ein einziges derartiges Buch. Ich weiß das, weil ich selbst ihm "Untertassen"-Bücher schickte, und das war lange, nachdem er seine eigenen Erlebnisse gehabt hatte.

George Adamski schickte Herrn Nelson ein Exemplar seines Buches "Fliegende Untertassen sind gelandet"; aber am gleichen Tag, als er es erhielt, kam es ihm wieder abhanden.

Stolz legte er *später* meiner Schwester und mir "Im Innern der Raumschiffe" vor, das er gerade von Herrn Adamski erhalten hatte.

Buck Nelsons Erlebnis trug sich zu, während dessen zweites Buch noch in Händen des Herausgebers war; er hätte es also nicht bekommen können, auch wenn er davon gewußt hätte, was sowieso nicht der Fall war.

Am 4. Oktober 1955 besuchten meine Schwester Florence Collins und ich Buck. Am 26. Dezember kamen mein Sohn Nathan Riffle und ich in seinem Wohnsitz in Mountain View, Missouri, an.

Gerade 15 Stunden vorher hatte der Weltraum-Mensch *"Bucky"* ihn verlassen. Wir blieben bis zum Nachmittag des 29. Dezember 1955.

Meinen dritten Besuch machte ich mit meinem Mann Sherman, während Buck in Washington, D.C., war.

Es war unsere Absicht gewesen, eine Woche lang in Mountain View zu bleiben und dann Buck mitzunehmen, da viele Leute in Michigan, besonders in Grand Rapids, wünschten, er möchte bei ihnen Vorträge halten, nachdem sie ihn in Detroit hatten sprechen hören.

Am 21. Juni 1956 trafen wir während unseres Aufenthaltes auf Bucks Farm mit sechs Leuten zusammen und veranstalteten in Gesprächen ein "Weltraum-Picknick". Unsere Gäste waren Herr und Frau Tedrick aus West Plains, Missouri, Herr und Frau Christen, die auf einer prachtvollen Farm ein paar Meilen von Bucks Wohnsitz leben, und Herr und Frau James Hill aus Seymour, Missouri. Die Hills sind zwei von den Zeugen, die die Raumschiffe an dem Tage sahen, als sie zum ersten Male niedrig über Bucks Wohnsitz dahinfuhren.

Wir wünschten wahrhaftig, daß einige von den Weltraumleuten an unserem Picknick teilnehmen möchten, aber der einzige interplanetarische Reisende, den wir bei uns hatten, war Teddy, Bucks kleiner Hund.

Ich las laut Buckys "Weihnachtsbotschaft" vor mit einer Stimme, der ich - so gut ich konnte - den Klang der Stimme des Weltraummenschen gab. Nachdem Teddy gut gefüttert worden war, lag er im Gras und, sobald ich in Buckys Tonfall zu reden begann, sprang er auf, rannte um die Couch, auf der ich saß und blickte die ganze Zeit über, während ich las, zu meinem Gesicht empor.

Er tat mir richtig leid; sicherlich dachte er, daß sein Freund aus dem Weltraum zurückgekehrt wäre, denn er liebt Bucky.

Erst als Buck Nelson am 2. Juli bei uns in Clarkston, Michigan, eintraf, erfuhren wir, daß die Weltraumbrüder bei jenem Picknick einen Blick auf uns geworfen hatten.

Buck erzählte uns dabei, daß Buckys Stimme ein Radioprogramm unterbrochen hatte, als er in seinem Zimmer in Washington, D.C., war.*) Bucky hatte ihm gesagt, daß eine ganze Versammlung von Leuten in seinem Hof wäre, daß sehr viel Futter für das Pferd und für das Fohlen in den Tonnen läge und daß für die beiden gut gesorgt würde.

Die alte und die moderne Geschichte, ebenso wie die Bibel berichten von den Besuchen der Weltraumleute auf unserem Planeten. Auch indianische Legenden können als Quelle für derartige Informationen genannt werden.

Aber das Wunderbarste ist doch, daß einer von unseren Nachbarn, Buck Nelson, tatsächlich einen Ausflug zu anderen Planeten gemacht hat und uns jetzt davon erzählen wird.

Mit Stolz und Bescheidenheit sage ich, daß mein Mann Sherman und ich während des größten Teils des Monats Juli 1956 Buck Nelson von den Ozarks als Gast bei uns hatten.

Und jetzt spricht Buck Nelson von der Mountain View Farm, Mountain View, Missouri,

Dezember 1956

Fanny Lowery

---

*) also auch hier wie bei "Dick Millers Kontakte mit Sternenmenschen", VENTLA-Verlag. D.H.

Buck Nelson

Mein Ausflug zum Mars, zum Mond und zur Venus

Der erste Kontakt

Der erste Teil meiner Geschichte begann am 30. Juli 1954.

Als ich um 4 Uhr nachmittags bei mir zu Hause Rundfunk hörte, begann es wie toll zu knattern.

Mein Hund bellte wie toll, und mein Pony draußen begann auf alle Art Krach zu machen. Ich ging hinaus, um zu sehen, was meine Tiere hätten.

Als ich aus der Küchentür trat, war *direkt über meinem Kopf ein riesiger scheibenförmiger Gegenstand.* Hoch oben am Himmel waren noch zwei weitere.

Ich ging zurück, um meine Kamera zu holen, kam wieder und *fotografierte sie dreimal.* Indessen, als die Bilder entwickelt und mit Abzügen zurückkamen, zeigte nur *eine* Aufnahme zwei von den "Dingern"*), wie ich sie aus Mangel eines besseren Begriffs nannte. Ich hatte nie von "Fliegenden Untertassen" gehört.

Nun weiß ich nicht warum, aber als ich zum Haus zurückging, um die Kamera zu holen, hatte ich eine Taschenlampe mitgenommen. Auf jeden Fall blinkte ich damit diesen "Dingern" *Signale* zu, sie möchten herunterkommen und landen.

---

*) Diese Aufnahme ist auf Seite 14 wieder gegeben. D.H.

Statt daß sie nun herunterkamen, schossen sie *eine Art von Strahl auf mich.* Er war viel heller und heißer als die Sonne. Sicherlich hätte ich ihn nicht ertragen können, wenn er ein paar Sekunden länger gedauert hätte.

Der Strahl warf mich nieder, so daß ich hinter eine Tonne zu liegen kam, und ich wartete, bis diese "Dinger" abgeflogen waren, bevor ich versuchte aufzustehen, da das Aufstehen mir sehr schwerfiel. Ich hatte fünfzehn Jahre lang hin und wieder an Hexenschuß im Rücken und an Nervenentzündung in der Seite und im Arm gelitten.

Als ich gemächlich aufzustehen begann, war ich überrascht, daß ich keine Schmerzen fühlte (!).

Und seitdem habe ich keine Schmerzen mehr im Rücken, einerlei, wie schlecht oder wie kalt das Wetter sein mag. Der Strahl half auch meinen Augen. Meine Sehkraft ist zwar nicht vollkommen, aber ich brauche nun keine Brille mehr, nicht einmal beim Lesen, obleich ich sie vorher viele Jahre tragen mußte (!).

Der zweite Kontakt

Der zweite Kontakt kam sechs Monate später, am 1. Februar 1955, um 12 Uhr mittags. Dieses Mal kreisten sie niedrig über dem Hause und fragten mit freundlicher Stimme, ob ich "gut Freund" wäre oder nicht. Es war eine Art "allgemeiner Anredeform", denke ich.

Sie sagten, sie möchten gern hinten auf meiner Weide landen, auf der anderen Seite des Hauses, wo die Quelle ist. Sie wollten wissen, ob ich ihnen erlauben wollte, unbelästigt zu landen, und das viele Male, wenn es nötig wäre.

Dieses Mal landeten sie zwar nicht, sondern sprachen nur ein paar Minuten.

Dann sagten sie mir "Lebewohl" und sagten: "Wir werden dich wieder besuchen."

Der dritte Kontakt

Etwas über einen Monat verging. Dann, am 5. März 1955, um Mitternacht, landeten sie und kamen auf das Haus zu. Es waren *drei Männer und ein riesengroßer Hund.* Einer von ihnen war ein junger Erdenmensch, der zwei Jahre zuvor zur Venus geholt wurde. Er wurde "Klein Buck" oder "Bucky" genannt. Der zweite Mann wäre in der Ausbildung, wie mir gesagt wurde. Er lernte das Raumschiff lenken. Die Tatsache, daß er alt und runzelig war, schien nichts zu bedeuten. Obgleich er freundlich war und Interesse zeigte, sprach er nicht und nannte auch nicht seinen Namen. Dann war da noch ein Bursche namens Bob Solomon. Es wurde mir später gesagt, daß er 200 Jahre alt war, aber er sah nicht älter aus als Klein-Bucky, der neunzehn war. Nicht zuletzt muß der große Hund "Bo" erwähnt werden. Er streckte seine Pfoten zum "Händeschütteln" aus, gerade wie die Männer es getan hatten. Als ich ihn auf den Hinterbeinen stehen sah, reichte er mir über den Kopf. Ich erfuhr, daß er 385 Pfund wog. Sie blieben ungefähr eine Stunde bei mir. Während dieser Zeit interessierten sie sich drinnen und draußen für alles.

Sie verglichen ihre Sachen mit meinen und zeigten mir, wie ihre weniger Arbeit machten. So zum Beispiel war unter meinem Bett Staub, da ich ein Junggeselle bin und mich mehr für meine Tiere als für den Staub unter meinem Bett interessiere. Sie erzählten mir - und später sah ich es auch -, wie ihre Betten halb in die Wand eingebaut sind. Es gab keine Decken oder Laken zu waschen, die Betten brauchten nicht einmal gemacht zu werden.

Eine Art Baldachin konnte über das Bett herabgelassen werden, damit man nicht zu sehen war, und für die Bequemlichkeit waren Wählerscheiben zum Telefonieren angebracht. Sogar das Kopfkissen war ein Teil der Matratze. Wenn man sie betastete, schien sie so ähnlich wie Schaumgummi zu sein mit weicher, glatter und abwaschbarer Oberfläche. All dies, erklärten sie mir, brächte weniger Arbeit und machte das Heim behaglicher.*)

Ich zeigte den Leuten, wie man Feuer im Holzofen anmacht, und zündete auch den Ölofen an. Bob Solomon verbrannte sich gleich die Hand daran, er dachte, er wäre nicht heiß. Sie wollten auch alles über das Radio wissen, besonders über die Batterie, die oben drauf stand.

Als ich ihnen sagte, daß die Batterie Kraft erzeugte, schlugen sie die Hände über dem Kopf zusammen und sagten: "Was, und mit all dieser Kraft über euren Köpfen gebraucht ihr so was?" Und dann schüttelten sie *ihre* Köpfe!

Ich habe eine kleine elektrische Lichtanlage, die meinen Strom für die Beleuchtung usw. erzeugt. Die Weltraumleute wollten sie in Betrieb sehen und wollten wissen, *warum sie* von mir gebraucht wurde. Sie sagten, sie schalteten ihr Licht und ihre elektrischen Apparate beim "Radio" ein, und dann hätten sie Strom.

Sie interessierten sich für alles, was ich in meinem Haus hatte, und fragten nach diesem und jenem.

Sie lehnten ein *Bild* von Christus und andere christliche Bilder an der Wand ab. Ich fragte sie, ob die ihnen denn nichts bedeuteten, und einer bemerkte: "Ja, wir verstehen das alles, aber ihr Menschen nicht." Sie sagten, wir Erdbewohner hätten von all dem eine falsche Vorstellung.

---

*) Ähnliche Schilderungen in verschiedenen anderen Büchern. D.H.

Als sie bei diesem Besuch im Hause waren, sagten sie mir, *ich könnte einen Ausflug zu anderen Planeten machen, wenn ich darüber der Welt berichten würde.*

Sie gingen fort, nachdem sie ungefähr eine Stunde bei mir gewesen waren.

Der vierte Kontakt

Am 22. März 1955, ungefähr um Mitternacht, kreisten sie tief über dem Hause. Sie landeten nicht, sondern kamen nur kurz und wiesen mich an, mich für den Flug in den Weltraum bereitzumachen.

Weiter unten hinter dem Hause sind drei Quellen, welche die Weltraumleute ganz geleert hatten. Sie hatten um die Erlaubnis gebeten, immer von dort Wasser zu holen, wenn sie es wünschten.*) Ich war mehr als froh, daß ich es ihnen geben konnte. Als sie wieder einmal dort gewesen waren, hatten sie *12 Steine in einem Kreise aufgestellt.* Für ein Blumenbeet war er zu klein, und es war auch nicht der richtige Platz dafür. Er lag dicht bei der Stelle, wo die Raumschiffe landeten. Später fragte ich die Weltraumleute, ob *sie* die Steine in dem Kreis aufgestellt hatten? Sie bejahten und sagten, daß es ein Sinnbild für die zwölf Gebote Gottes wäre, die gleichzeitig ihre einzigen Gesetze wären.

Der fünfte Kontakt

Als meine Freunde am 24. April 1955 um Mitternacht zu mir kamen, um mich zu meinem Ausflug in den Weltraum abzuholen, brauchte ich nur wenig Zeit, um mich dafür fertigzumachen. Ich wurde

---

*) Vermutlich bei einem früheren Besuch (siehe 2. Kontakt); denn diesmal landeten sie ja nicht, verständigten sich wohl nur durch Lautsprecher. D.H.

gebeten, einen reinen "Overall" (Arbeitsanzug) überzuziehen, der gerade aus der Wäscherei gekommen war und den die Weltraumleute in der Nähe hängen sahen. Ich wurde gebeten, ihn anzuziehen, es dürfte aber nichts in den Taschen sein*), weil alles, was ich mit mir nähme, magnetisiert würde, und so dürfte ich auch meine Uhr nicht mitnehmen. Ich ließ Milch für meine Katze zurück, die ich "Krazy" nenne, und "Trixie", mein Pferd, konnte sich Futter draußen auf der Weide suchen. Ted, mein Hund, kam auf diesem Ausflug mit mir.

Ich konnte es kaum erwarten, zu dem Platz hinunterzukommen, wo das Schiff gelandet war.

Bevor ich aufgefordert wurde, das Schiff zu betreten, wurde mir gesagt, ich dürfte die zwölf Gebote Gottes niederschreiben, um die ich gebeten hatte. Man sagte, *daß ich einen Notizblock und einen Bleistift mitnehmen dürfe, um Notizen zu machen.*

Nun wurde ich aufgefordert, mich auf einen Stein draußen vor dem Schiff hinzusetzen und die 12 Gebote Gottes bei dem Licht aus der offenen Tür des Raumschiffes und dem Licht der Sterne niederzuschreiben. Nachdem ich die Gebote aufgeschrieben hatte, Wort für Wort, wie sie mir gegeben wurden, wurde ich gefragt, ob es etwas für mich bedeutete, daß ich die Gesetze draußen unter den Sternen niederschrieb. Ich erwiderte, daß das vielleicht deshalb geschähe, weil es so nahe der Natur war. Und sie fragten: "... und Gott?" Ich sagte: "Ja."

Hier die Gebote, wie sie mir gegeben wurden:

---

*) Dies stimmt mit anderen Kontaktlern überein, deren Uhren gewöhnlich unbrauchbar wurden durch die magnetischen Strahlen. D.H.

Die zwölf Gebote Gottes auf der Venus

Diese zwölf Gebote wurden mir, Buck Nelson, auf meiner Farm Mountain View, Missouri, am 24. April 1955 durch *Männer vom Planeten Venus* gegeben. Diese Gesetze werden dort *getreulich befolgt* und sind nicht nur etwas, was man gelegentlich erwähnt. Zunächst drei Grundsätze:

Liebe: Liebe Deinen Schöpfer, deine Eltern, deinen Nächsten, alle Vögel und Tiere auf dem Boden und alles im Meere und in der Luft.

Ehre: Ehre deinen Gott und deine Eltern. Gehorche Gottes Gesetz, das auch des Menschen Gesetz ist.

Gehorsam: Gehorche Gottes Gesetz, deinen Eltern und den Rechten anderer.

Die zwölf Gebote

1. Liebe deinen Schöpfer - Gott.
2. Du sollst nicht töten; das schließt Unfälle und Krieg ein.
3. Liebe deinen Nächsten.
4. Laß dein Licht vor den Leuten leuchten, und alle werden deine guten Werke sehen, und es wird eine Ehre für dich und deinen Schöpfer sein.
5. Du sollst nicht ehebrechen.
6. Du sollst nicht stehlen.
7. Du sollst so handeln, wie du wünschst, daß andere an dir handeln.
8. Du sollst keinen anderen Gott haben neben MIR.
9. Nenne den Namen Gottes nicht unnütz.
10. Ehre deinen Vater und deine Mutter.
11. Dein Leib ist Gottes; mißbrauche ihn in keiner Weise. Trinke

oder iß nicht, was nicht Nahrung ist. Gebrauche nichts, was deinem Leib schaden könnte, weder innerlich noch äußerlich. Trage nichts an deinem Leib, was ihm schadet oder was nutzlos ist.

12. Gott schuf den Himmel und die Erde, und wir sollen Ihm Dank sagen für das, was Er uns gibt.

Mit diesen zwölf Geboten Gottes und den Grundsätzen, die sie dort regieren, zusammengefaßt in einer Bibel von etwa 20 Seiten, sind die Leute auf anderen Planeten unseres Sonnensystems fähig, in einer Ordnung zu leben, in der es keine Kriege gibt; ohne Streitkräfte oder Polizei; ohne Tabak, Kaffee oder Tee; ohne Alkohol oder schädliche Drogen (Arzneien); sie verwenden nur natürliche, nicht "verfeinerte" Lebensmittel. Krankheiten sind sehr selten; daher gibt es keine Krankenhäuser, keine Sanatorien, keine Gefängnisse. Die Lebensdauer ist bedeutend ausgedehnt; die Regierungskosten sind sehr gering, da die Gesetzgebung auf Wahrheit und Gerechtigkeit gegründet ist.*)

Nachdem ich diese 12 Gebote niedergeschrieben hatte, ließen die Weltraumleute ihren Hund "Big Bo" in der Quelle baden, und dann bekam auch mein Hund ein Bad.

---

*) Gemäß den Lehren aller Weltreligionen könnte das auf Erden genau so sein, wenn genügend ernstlicher Wille zur Durchführung der 'Göttlichen Gebote' besonders bei den Völkerführern vorhanden wäre. Auf Erden könnte das 'Bürgerliche Gesetzbuch' mit seinen über 2000 Paragraphen außer Kurs kommen. Ein Leben nach den 'Zehn Geboten' einschließlich der beiden christlichen Gottes- und Nächstenliebegebote würde den weltlichen Paragraphenwald überflüssig machen. Den Beweis liefern die Völkerschaften, die im Frieden und in technischer Überlegenheit auf anderen Planeten leben. Einblicke in deren Lebensordnung wurden außer hier von Buck Nelson auch von den Kontaktlern Ing. Fry, G. Adamski, O. Angelucci, C. Allingham, E. Cihlar, C. Anderson, E. Drake, Ray Stanford, Dr. Fr. Stranges, Howard Menger, E. Klarer, Dick Miller, Bob Renaud, A.A. Villa und anderen gegeben. D.H.

Abfahrt und navigatorische Spielereien

Dann wurde ich eingeladen, in das Schiff zu kommen. Es war schon ein wunderbares Erlebnis, wenn man bloß so ein Schiff betrat! Mir wurde gesagt, ich könnte mich ans Armaturenbrett setzen und das Schiff aufsteigen lassen. Nun, dazu fühlte ich mich wahrhaftig nicht fähig ... Ich konnte ein Auto oder einen Lastwagen lenken, aber, du meine Güte, ein schönes Schiff, das von einem Planeten zum anderen fahren konnte!

Ich wußte, daß sicher eine Menge Ausbildung und Übung nötig war, um nur unsere Schiffe zu fliegen und zu lenken. So sahen sie mein Zögern und versicherten mir, es würde schon in Ordnung kommen. Ich sollte mich nur hinsetzen, und sie würden mir zeigen, wie leicht es war, das Schiff in den Weltraum zu bringen.

Ich setzte mich also keck hin, und sie zeigten mir wie leicht es tatsächlich war! Nachdem ich das Schiff hoch in den Weltraum gebracht hatte, wurde mir gesagt, nun könnte ich mit dem Leitwerk "spielen".

Mittlerweile hatten sie uns allen Sicherheitsgürtel umgelegt, was - wie sie sagten - zum ersten Male in drei Jahren geschah. Das war auch eine gute Sache, denn ich hatte das Schiff auf den Kopf gestellt, und nun ging es holterdipolter. Ich drückte jeden Knopf, den ich sehen konnte und drehte jede Scheibe. Von allem, was ich berührte, ging auf die eine oder andere Art eine Wirkung aus.

Als sich das Schiff auf den Kopf stellte, bekam ich keine Hilfe, die Weltraumleute lachten nur mächtig. Wenn ich unruhig wurde und merkte, daß ich was falsch machte, brachte es mein Gegenüber gewöhnlich in Ordnung. Mir wurde gesagt, daß ich nichts tun könnte, was dem Schiff oder uns schadete.

Grundriß der Innenräume des Raumschiffes, in dem Buck Nelson
die Reise machte.

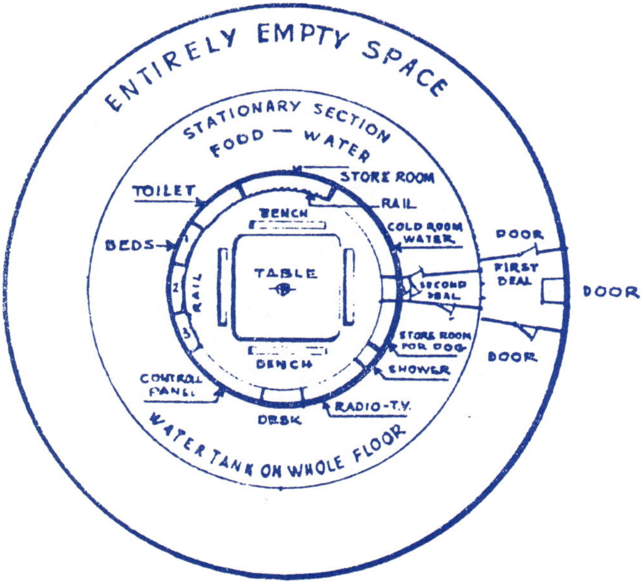

Details of Main Control Panel of Ship.
Einzelheiten der Kontrolltafel des Raumschiffes.

Ich drehte an Schaltknöpfen von Radio und Fernsehen und dachte, daß es das Leitwerk des Schiffes wäre. Gewiß hatte ich Ergebnisse, und zwar eine Verbindung von Schiff zu Schiff. Ich hatte einen Mordsspaß.

Wenn ihr gern wissen möchtet, was mit den beiden Hunden geschah, als all dieser Unfug vor sich ging - nun, dann will ich's euch erzählen ... Bucky hatte wohl gewußt, was sich wahrscheinlich ereignen würde, und Big Bo hatte gerade für solch einen Notfall einen Käfig. Für einen Extrahund war noch ein übriger Käfig da, aber Teddy hatte Angst und sprang auf Buckys Schoß. Das Schiff fuhr vollkommen gleichmäßig, als ich nicht am Leitwerk war. Ich denke aber, daß Big Bo sich sehr über das Schaukeln des Schiffes freute, das entstand, als ich damit "spielte".

Als wir vorher das Schiff betraten, wurden Meßapparate aufgestellt, die den Luftdruck kontrollierten, damit er dem Druck auf dem Mars, unserer nächsten Haltestelle, angepaßt würde. Die Lichter wurden einmal ausgedreht, um mir zu zeigen, daß es tintenschwarz im Weltraum war.

Mars

Es schien notwendig zu sein, *daß man im Weltraum schlief.**)

Bucky weckte mich auf und sagte, wir wären gerade dabei, auf dem Mars zu landen.

Jedoch, bevor wir landeten, neigte sich das Schiff, so daß ich das Kanalsystem sehen konnte - das wollten sie mir zeigen!

Als wir näher kamen, gaben sie dem Schiff wieder eine schiefe Lage, so daß ich Pferde und Vieh auf dem Felde sehen konnte. Schließlich landeten wir ungefähr 6 m entfernt von der Tür eines Gebäudes, von dem mir gesagt wurde, daß es eines "Herrschers" Wohnsitz war. Ein gutes Mahl stand für uns bereit: wir aßen und die Mannschaft tauschte Papiere aus.

Mein kleiner Hund Teddy bekam eine gute Mahlzeit: Fische, die ihm augenscheinlich sehr gut schmeckten. Das Gebäude, das wir betraten, war an der Außenseite aus Steinen erbaut, die, wie man mir sagte, von unserem Mond kamen. Das Innere schien mit einer Art Stahl bedeckt.

Der Teil der Türangeln, den wir an der Tür mit Schrauben befestigen würden, war direkt in die Tür eingefügt. Der einzige kleine gesonderte Teil von dem, was bei uns die Türangeln sein würden, war der Stift. Ein großer Diamant war oben auf einem dicken Bolzen.

Die Leute dort wußten nicht, daß ich von der Erde war, bis ich als Erdenmensch vorgestellt wurde. Die Kinder umringten mich dann

---

*) Hier sei an die Tatsache erinnert, daß Bergsteiger des Himalaja in den hohen Regionen viel *schlafen*, um die Lungen und Zellen der dünnen Luft anzupassen. D.H.

und stellten Fragen. Mir wurde gesagt, daß es dort auch andere Rassen gibt und daß die Leute auch andersfarbig sind, aber, daß ich dorthin gebracht worden war, wo die Leute am meisten denen glichen, an die ich gewöhnt war.

Der Mars ist sehr farbenprächtig. Ich könnte nicht sagen, wo eine Farbe endete und die andere anfing.

Die Leute auf dem Mars verwenden Sonnenenergie und elektrische Kraft.

Die Vorder- und Rückseite des Mondes

Wir gingen wieder zurück in das Raumschiff, und die Kontrollinstrumente wurden wieder in Tätigkeit gesetzt, diesmal um das Schiff allmählich für den Luftdruck auf dem Mond bereitzumachen.

Unsere nächste Haltestelle war auf der hellen, uns zugekehrten Seite des Mondes. Wieder gingen wir zum Wohnsitz des Präsidenten und nahmen dort eine Mahlzeit ein. Diese Wohnung war in einen Krater hineingebaut. Der erste, den wir betraten, schien ganz dicht neben des Herrschers Wohnung zu sein. Es war ein Fernrohr darin und Regale, die teil offen, teils mit Glasscheiben versehen waren. Auch Tische waren da mit Proben von Gestein. Die Steinbrüche auf dem Mond liefern Steine für Gebäude auf anderen, sehr alten Planeten, deren Oberfläche sich zersetzt hat und zu Erde geworden ist.

Auf der vorderen oder Erdseite des Mondes war kein Pflanzenwuchs. Das Wasser in den Wohnungen kam wohl von dem Schnee auf den Bergen her.

Diese Wohnungen standen dicht gedrängt um riesige Hangars für Raumschiffe; denn der Mond dient als Stützpunkt für interplanetarische Reisen, wie mir gesagt wurde.

Die Erde ist der einzige Planet in unserem Sonnensystem, von dem aus keine Raumfahrten gemacht werden.

Mir wurde gesagt, daß es Flüsse und Seen auf der anderen Seite des Mondes gibt (der Seite, die von der Erde abgekehrt ist), aber ich sah sie nicht, als wir dort landeten, weil es sehr dunstig*) war; doch konnte ich die Berge sehen, die sehr hoch waren.

---

*) Also gibt es, wenn auch eine dünne, Atmosphäre auf dem Mond. D.H.

Als wir das zweite Mal auf dem Mond anhielten, aßen wir wieder. Obgleich wir gerade eine Mahlzeit auf der ersten Haltestelle gehabt hatten, ließen wir auch dieser volle Gerechtigkeit widerfahren. *Recht viel Essen und Schlaf schienen notwendig zu sein.*

Wir hatten scheinbar etwas mehr Zeit, um uns auf dem Mond umzusehen als auf der Venus oder dem Mars.

Mir wurde erlaubt, hinauszugehen und mich ein wenig umzuschauen. Ich schaute mir ein Gebäude gründlich an.

Damit ich nicht verlorenging, da ich ja auf fremdem Gebiet war, gingen Big Bo, des Weltraummenschen Hund, und Teddy mit mir.

Die Weltraumleute hatten Bo nicht angewiesen, mit uns zu gehen, wenigstens nicht mit Worten, aber ich fühlte, daß er auf uns aufpaßte. Kinder spielten mit Hunden verschiedener Größen. Sie ritten auf Big Bo wie auf einem Pony, und er spielte wohl auch mit ihnen.

Venus

Wieder fuhren wir los in unserem Raumschiff, und einige Zeit später landeten wir auf der Venus. Eine Uhr würde magnetisiert worden sein, und so wäre sie auf dem Ausflug oder nachher nutzlos gewesen. Mir ging einfach jede Spur von Zeitgefühl verloren, und so hatte ich auch keine Ahnung, wieviel Stunden vergangen waren, als wir auf der Venus landeten.

Auf der Venus hielten wir wieder zweimal an; jedesmal war es am Wohnsitz eines hohen Regierungsbeamten. Ich sah drei Monde. Es war gerade so hell wie am Tag auf der Erde, obgleich es dunstig und wolkig war.

Die Wohnhäuser waren auch aus Steinen gebaut. Das Innere war stahlähnlich.

Der hohe Beamte an der einen Station war am malen und trug einen Overall.*) Sein Overall hatte keine Schnallen und Haken wie die unseren und war aus anderem Material gemacht.**)

An einem der Haltepunkte auf der Venus hatten drei Fahrzeuge in der Nähe des Hauses, das wir betraten, geparkt. Diese Fahrzeuge sahen so ziemlich wie unsere neuen aus, außer daß sie keine Räder und Kotflügel hatten. Sie gleiten drei bis fünf Fuß über dem Erdboden leicht dahin und werden mit derselben Kraft angetrieben wie die Raumschiffe. Sie sind nicht dafür gemacht, in den Weltraum hinauszufahren, sondern werden nur wie unsere Autos gebraucht.

Da sie diese Art Fahrzeuge haben, brauchen sie keine Landstraßen; also: keine Landstraßen, keine Polizeikräfte, keine Gefängnisse, keine Regierungsgebäude und auch keine Kriege.

---

*) Eine Art Arbeitskleidung zum Überziehen. D.H.

**) Siehe die Beschreibung von Rev. Dr. E. Stranges in "Mein außerirdischer Freund"

Ein Bauwerk auf der Venus (vermutlich ein Industrie-Gebäude)

Da sie diese Art Fahrzeuge haben, brauchen sie keine Landstraßen; also: keine Landstraßen, keine Polizeikräfte, keine Gefängnisse, keine Regierungsgebäude und auch keine Kriege.

Es ist nicht schwer zu verstehen, daß ihre Steuern im Vergleich zu den unseren sich wie ein Fünfcentstück zu hundert Dollars verhalten.

Als ich damit begann, diese Ersparnisse mit der Tatsache in Verbindung zu bringen, daß die Sachen, die sie gebrauchen, so hergestellt sind, daß sie ewig vorhalten können, mindestens viel länger als die unseren, und daß Krankheiten beinahe unbekannt sind, konnte ich begreifen, warum sie nur ungefähr eine Stunde am Tage arbeiten, auf keinen Fall mehr als drei Stunden.

Sogar die Hausarbeit, sagten mir die Weltraumleute, erfordert nicht mehr als eine bis drei Stunden. So erübrigen *sie sehr viele Mußestunden für Besuche,* und Besuche machen sie sehr gern. Sie leben wirklich nach den Gesetzen Gottes.*)

---

*) Sie leben also vorwiegend ihrer wissenschaftlichen, künstlerischen und geistigen Ausbildung. D.H.

Obgleich wir bei jedem Haltmachen auf der Venus wahrscheinlich nur 20 Minuten verweilten, brachte Bucky es doch fertig, mir etwas zu zeigen, was ich eine Art "Buchmaschine" nannte.

Wenn ein Buch da hineingelegt wurde, so las die Maschine die Seite, spielte irgendwelche Musik und zeigte ein Bild, welches das Buch enthielt. Die Maschine hatte ungefähr die Größe eines Fernsehgerätes.

In jeder der beiden Wohnstätten auf der Venus gab es eine Uhr, die ein Zifferblatt mit 17 Ziffern hatte.

Die Ziffern sahen im allgemeinen so aus wie chinesische Schriftzeichen, aber ich neige mehr dazu, sie für die Kratzspuren von Hühnerfüßen zu halten.

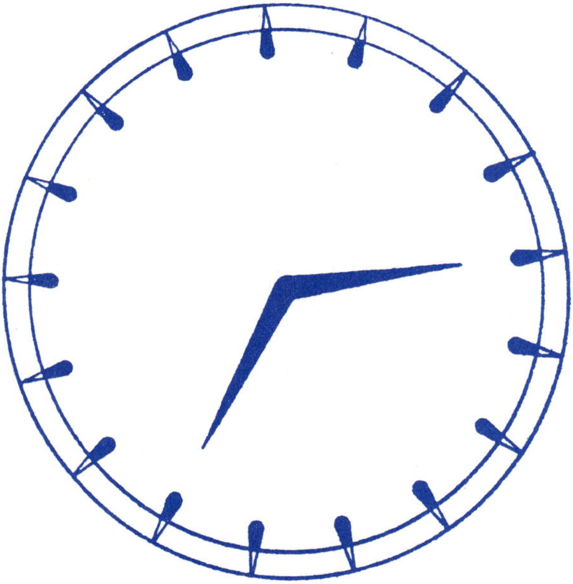

Eine Uhr auf der Venus:

17 Stunden Tagzeit
und 17 Stunden Nachtzeit

Da es mir nur gestattet war, Schreibmaterial auf den Ausflug mitzunehmen, konnte ich nichts fotografieren. So machte ich eine Zeichnung von dem Ziffernblatt der Uhr. Sie sagten mir, daß auf der Venus 17 Stunden Tag und 17 Stunden Nacht wären und daß ihre Uhren sehr den unsrigen glichen.

Wir hatten ein Mahl an beiden Haltestellen auf der Venus, obgleich hier wieder, wie auf dem Mond, die Zeit zwischen dem Haltmachen sehr kurz war.

Das Mahl bestand aus Fleischartigem, Milch, Eiern, Fisch, vielen Sorten Salat und auch vielen gekochten Gemüsen. Ich erkannte deutlich Getreide, weil es beim Kochen nicht aufgeplatzt war.

Obgleich wir sehr viel wähend des Reisens schliefen, sprachen die Weltraumleute auch mit mir und erzählten mir von der Lebensweise auf anderen Planeten. Die Fragen, die man jetzt auf Erden an mich richtet, helfen mir, mich an vieles zu erinnern, was sie mir erzählt haben. Gleichzeitig kommen mir auch wieder einige Sachen ins Gedächtnis, die ich selbst miterlebt habe. Es folgen später kurz die Antworten auf einige der vielen Fragen, aber ich denke, es ist wohl am besten, daß wir zunächst wieder auf die Erde zurückkommen.

Unsere Rückkehr fand also am 27. April 1955 um Mitternacht statt. Nachdem ich zu Hause angekommen war, hörte ich den Wochentag am Radio, aber das Datum mußte ich am Kalender der Bank von Mountain View nachsehen. Ich war sehr überrascht, daß ich nur so kurze Zeit fortgewesen war; das konnte ich kaum glauben; es waren drei Tage, zwei ganze und zwei halbe Nächte!

Fragen werden beantwortet

Die Leute auf dem Mars, dem Mond und der Venus sehen so aus wie wir hier auf Erden, nur im allgemeinen sehr viel besser.

Sie kleiden sich einfacher, da sie keine Schlipse, Schnallen, Ohrringe, Perlenketten, Armbänder- oder -reifen tragen. Nichts wird getragen, was den Körper irgendwie einengt. Eins ihrer zwölf Gebote Gottes verlangt das.

Die Männer tragen eine Art Überziehhosen ohne die Schnallen und Knöpfe, die wir an den unseren haben. Der Stoff ist anders als bei unseren "Overalls".

Sie essen etwas wie Fleisch, wenigstens sah das, was ich hatte, wie Fleisch aus und schmeckte auch wie Fleisch. Allerdings scheint ihre Nahrung hauptsächlich aus Obst und Gemüse zu bestehen. Sie waren gesunde, glückliche Leute. Mir wurde gesagt, daß Krankheiten selten sind, und, soweit ich sehen konnte, hatten sie schöne Zähne.*)

Ich habe sie nach ihrer Gesundheit und nach den Heilmitteln für Krankheiten gefragt, da ich weiß, daß das etwas ist, was jeder gern erfahren möchte. Darauf sagten sie mir nur, daß sie die Gesetze Gottes leben. Sie haben *keine* Ärzte, wie wir sie kennen. Sie sind ihre eigenen Doktoren, und sie gebrauchen das, was ich *natürliche* Arznei nennen würde, wenn sie sie gelegentlich nötig haben. Sie gaben mir zur Anwendung ein Hautwasser aus einer Art Milchkraut, da ich einen Hautausschlag auf meinem Körper durch den Wasserwechsel bekam.

---

*) Das wird von *allen* Kontaktlern hervorgehoben; eine auffallende Erscheinung gegenüber den *vielen* Zahnerkrankungen der Erdenmenschen. D.H.

Eins sagten sie mir noch, daß wir auf der Erde Hypnose anwenden sollten, um Schmerzen zu stillen, aber es sollten niemals Hypnose-Vorstellungen zur Unterhaltung des Publikums gegeben werden.

Auch billigen sie nicht den Wettbewerb beim Sport, weil er eine Überanstrengung des ganzen Körpers, besonders des Herzens verursacht.

Die Leute, mit denen ich redete, sprachen sehr gut Englisch. Es scheint, daß sie die Sprache der Menschen lernen, mit denen sie Kontakt aufnehmen wollen. Sie haben mir gesagt, daß viele von ihnen unter uns sind. Sie haben sogar einige unserer *Regierungsbeamten* in ihren Schiffen mitgenommen, aber die Beamten fürchten sich, darüber zu sprechen, denn sie haben zuviel zu verlieren.*) **Ich** habe ja keine Familie, die darunter leiden könnte, falls mir etwas zustößt.

Ich kann nicht sagen, daß ich (bis zu dieser Zeit) bedroht worden bin, aber mir wurde ein Scheck über 1.000 Dollar angeboten, wenn ich niemals mehr meine Geschichte erzählen würde.

Eintausend Dollars würden hier in den Bergen eine Menge Geld bedeuten, aber ich will kein Geld haben, das auf solche Weise erlangt ist.

Etwas, was die Leute hier auf Erden nur schwer fassen können, ist die Vorstellung, daß die Weltraumleute zu solch einer bescheidenen Person, wie ich es bin, kommen.**)

---

*) Siehe auch UN 86, Seite 3, und UN 89, Seite 1: "Warum die US-Luftwaffe die UFOs nicht untersuchen kann" von Prof. Charles A. Maney.. D.H.

**) Die Planetarier sagten auch zu Anderson: "Wir hatten mit irdischen Wissenschaftlern und hochgestellten Persönlichkeiten Kontakt aufgenommen. Dieselben schweigen jedoch, und deshalb kontakten wir viele einfache Menschen, damit sie auch über ihre Erlebnisse öffentlich reden!" D.H.

Und ein anderer Gedanke ist der, warum sie zu solch einem abgelegenen Platz wie meine Farm kommen sollten. Das halten die Weltraumleute wohl für nötig.

Man würde sie zweifellos versuchen abzuschießen, um nachher Fragen an sie zu stellen. Ein anderer Grund, warum sie zu meinem Wohnort kommen oder vielmehr zu diesem Teil des Landes, ist der, daß die *magnetischen Ströme gerade hier die richtigen* sind. Dies ist ein Bezirk des Landes, wo es Höhlen gibt; das mag für einen Wissenschaftler etwas bedeuten.*)

Die Weltraumleute sagten mir, daß die Stellen, wo die magnetischen Ströme sich kreuzen, mit den Wegweisern zu vergleichen sind, die an einem Kreuzweg stehen. Diese Ströme oder Kraftlinien werden benannt und numeriert. Der Mond hat auch auf ihre Reisen Einfluß. Ich vermute, das könnte sein, wenn sie in unserer Nähe sind, aber ich weiß es tatsächlich nicht.

Sie sagten mir auch nicht, wie weit die Wirkung des Mondes reicht. Die technischen Einzelheiten und Entfernungen würden indessen auch nicht viel für mich bedeutet haben. Sie landeten viele Male auf meinem Grundstück, aber ich merkte das oft erst später, wenn ich etwa einen Stein fand, der oben auf einen Pfahl oder etwas Ähnliches gelegt war.

Wenn ich so einen Stein zufällig sehe, kann ich sagen, ob ein Raumschiff in der Nähe ist. Letzteres erkenne ich an den raschen Drehungen eines Magneten, der an der Zimmerdecke in meinem Haus aufgehängt ist. Und ich habe ihn sich sehr häufig drehen sehen, aber niemals habe ich versucht, daraufhin mit den Weltraumleuten Kontakt zu bekommen, da ich ihnen versprochen hatte, sie in keiner Weise zu belästigen.

---

*) Diese Vermutungen gehen mit den Vorkommnissen konform, die sich an den Höhlen der Arzmäuer, siehe UN 87, abspielten. D.H.

Das Raumschiff an sich ist eine Sehenswürdigkeit. Es hat ungefähr 15 m Durchmesser und ist etwa 2,50 m hoch. Diese Schiffe können senkrecht landen und senkrecht auf- und absteigen; sie können jederzeit in unsere Atmosphäre einfliegen, aber verlassen können sie sie am besten um Mitternacht. Ebenso können sie schweben, ohne zu landen.

Das Schiff, in dem ich war, fuhr nicht in einen UFO-Träger oder ein Mutterschiff ein, von denen ich nach meinem Ausflug gelesen habe. Es reiste zwischen den Planeten mit seiner eigenen Kraft. In der Mitte hatte es eine Erhöhung, die wie Glas aussah. Sie war glatt und wie eine Blase herausgetrieben, nicht mit geraden Wänden, sondern mit einer Kuppel. Die Kanten waren dünn und erhoben sich allmählich bis zum hohen Mittelteil. Um bei der Fortbewegung die Richtung zu ändern, brauchte nur der mittlere Teil gedreht zu werden. Dies ist ein Grund dafür, warum sie so pfeilschnell fliegen können. Das Schiff wird sowohl durch eine automatische Kontrollvorrichtung als auch durch Piloten gelenkt. Es fuhr vollkommen gleichmäßig, wenn nicht gerade ich damit "spielte".

Zeichnerische Darstellung des venusischen Raumschiffes.

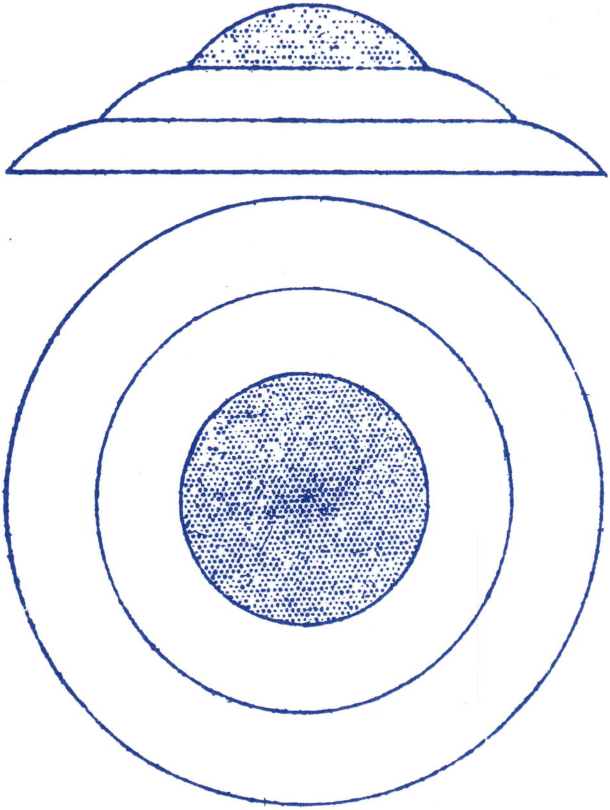

Oben: Seitenansicht
Unten: Grundriß

Big Bo

Es ist hier nicht genug Platz, um eine Beschreibung von dem Innern des Schiffes zu machen oder Einzelheiten von den graphischen Tafeln zu geben, die für die automatische Kontrolle nötig waren, aber es ist auch kein Grund dafür vorhanden, *nicht* von ihnen zu reden.

Direkt in der Mitte des Schiffes war ein sehr großer Tisch. Ich nehme an, er konnte viel aushalten, weil ihr großer, kräftiger Hund, Big Bo, hinaufsprang. Mein Hund Teddy stand gerade daneben, aber auf dem Fußboden, und ich sagte ihm, er solle sich auf den Rücken rollen, sich dann auf die Hinterbeine setzen und "Bitte-Bitte" machen.

Big Bo war zu groß, um sich auf dem Tisch herumzurollen, aber all den anderen Befehlen, die ich Teddy gab, gehorchte *er*. Dann hielt er die Pfoten in die Höhe, schaute sich um und "lachte", als wenn er sagen wollte: "Nun seht mich mal an. Ich kann es auch machen." Bucky sagte, daß dies das erste Mal wäre, daß Big Bo überhaupt Befehlen gehorchte, die einem anderen Hund gegeben wurden. Da Bucky meine Liebe zu Tieren kannte, erlaubte er mir, ihn zu fotografieren.*)

Auf diesem Bild muß man richtig suchen, wo seine Augen sind, da sein langes Haar in Büscheln herabhängt und sehr zottig ist. In Wirklichkeit ist das einzelne Haar fein und seidig. Durch eine Analyse**) wurde festgestellt, daß es das Haar von einem männlichen Hund ist. Das Haar ist hohl. Er ist ein schönes, gutgepflegtes Tier, das im Freien aufgewachsen ist.

---

*) Siehe Seite 21.

**) Was später auf der Erde geschah, siehe Seite 78. D.H.

Fähigkeiten und Charakter der Planetarier

Ich bin gefragt worden, ob ich vielleicht auf einen anderen Teil der Erde auf einem Schiff, das auf *unserem* Planeten gemacht ist, gebracht worden wäre. Das würde kaum möglich sein, da die Regierungen einander zu genau beobachten, um solch ein wunderbares Schiff unbemerkt besitzen zu können. Ich glaube außerdem nicht, daß unsere Wissenschaftler die Dinge soweit gemeistert haben, daß sie so ein Schiff zu bauen wüßten. Es ist geräuschlos und fährt auf Energielinien.

Es ist sehr schwer für die Weltraumleute, Worte in unserer Sprache zu finden, um ihre Methode des Reisens und die Art ihrer Antriebskraft zu erklären.

Die Verwaltung dieser Leute auf anderen Planeten scheint sehr einfach zu sein. Sie nennen das "schlichtes Leben". Da sie tatsächlich nach der "Goldenen Regel" und den "Zwölf Geboten Gottes" leben, fällt die Notwendigkeit für große Regierungsgebäude, Kriegsmaterial, Armeen, Polizeikräfte, Gefängnisse und dergleichen Einrichtungen fort.

Einige von unseren allgemein üblichen Methoden, unseren Lebensunterhalt zu verdienen, würden bei ihnen absolut unannehmbar sein, z.B. unsere Praktiken, auf so viel verschiedene Weise Geld durch Geld zu verdienen.

Sie haben zwar ein Austauschmittel, aber ich erfuhr nicht, welches. Ich bezweifle, daß es Gold ist. Sie sagten mir, daß wir unser Gold in Kentucky*) vergraben, aber daß sie ihr Gold überall in ihren Häusern verwenden, weil die Schwingungen des Goldes gut für den

*) im Fort Knox, wo das US-Gold gehortet wird. D.H.

Körper sind.*) Das ist einer der Gründe, warum Colorado solch eine gesunde Gegend ist.

Wenn wir die Leute von anderen Planeten freundlich aufnehmen, dann werden sie mit uns das gleiche tun und uns zeigen, wie wir ein weniger unruhiges, leidvolles Leben führen können.

Sie werden uns auch zeigen, wie wir unseren Planeten vor weiterem "Kippen" bewahren können.

Sollte uns ein größeres Unheil treffen, das etwa mit der biblischen Sintflut zu vergleichen wäre, dann werden sie denen helfen, die sie wie ihre Brüder aufnehmen. Etwas anderes können sie nicht tun, und ich denke, sie werden schon wissen, wer diese Menschen sind.

Gewiß bedienen sie sich mentaler Telepathie, aber nicht in dem Maße, daß sie nicht auch ihre Stimme für Mitteilungen gebrauchen.

Einige von ihnen haben einen Akzent, gerade wie die meisten von uns ihn auch hätten, wenn wir eine neue Sprache lernten. Dieser Akzent ist deutlich erkennbar auf einem Tonband, das Bucky am Weinachtsabend 1955 bei mir zu Hause machte.

---

*) Das wußten auch die alten mittelamerikanischen Völker, bis sie von den spanischen Eroberern ausgeraubt wurden. D.H.

Bucky, der Bewohner zweier Planeten

Dieser Bucky ist ein junger Erdenmensch, der in Colorado geboren und zur Venus mitgenommen wurde, als er 17 Jahre alt war. (Zu der Zeit, da sie zu mir kamen - am 5. März 1955 -, war er ungefähr zwei Jahre fortgewesen.) Ich würde sagen, daß er jetzt, 1956, etwa 21 Jahre alt ist.

Als er etwa vier Jahre alt war, kamen Weltraumleute zu seinen Eltern und luden sie ein, auf die Venus zu kommen. Die Eltern wollten selbst nicht gehen, aber sie verabredeten, daß sie Bucky so erziehen würden, daß er die Arbeit tun könnte, die er jetzt tut.

Die Lebensweise der Leute, mit denen sie den Kontakt aufnahmen, muß wohl gerade richtig gewesen sein.

Bucky lehrt jetzt auf der Venus Englisch.

Als Bucky und ich uns genauer kennenlernten und der Sache auf den Grund gingen, entdeckten wir, daß wir entfernt verwandt waren.

Bucky erzählte mir viele Dinge über meine Vorfahren, die ich niemals vorher gewußt hatte.

Als ich das nachprüfte, erhielt ich den Beweis, daß er recht hatte. Wir sehen einander auch etwas ähnlich, und Frau Lowery meint, daß auch seine Stimme eine leichte Ähnlichkeit mit der meinen hat, obgleich Buckys Stimme höher klingt. Auch ist sein Akzent so wie bei einem Menschen aus den skandinavischen Ländern.

Beeinflussung des Denkens

Als die Weltraumleute den Strahl auf mich herabsandten, der meinen schmerzenden Rücken heilte, taten sie es, um mir zu helfen, und teilweise auch deshalb, um mich im voraus zu entschädigen für das, was sie von mir getan haben wollten.

Als sie in mein Haus kamen, um mich zu besuchen, glaube ich auch, daß sie einen kleinen Einfluß auf mein Gemüt ausübten. Das geschah so:

Ich wollte ihr Schiff sehen. Ich wollte darin fahren, und ich wollte zu ihrem Planeten reisen. Das war, nachdem sie mir von ihrer Lebensweise erzählt hatten, die besser ist als die unsere.

Ich fragte sie, ob ich ihr Schiff sehen könnte, und sie gaben keine Antwort. Ich fragte, ob ich damit fahren könnte, und sie antworteten nicht. Nun hätte ich wirklich nicht den Mut gehabt, sie zu fragen, ob ich zu ihrem Planeten mitgehen könnte, als sie meine erste Frage nicht beantwortet hatten, wenn sie nicht diesen Einfluß, von dem ich sprach, angewandt hätten. Und so fragte ich *doch*, ob ich mitgehen dürfte.

Es schien notwendig, daß ich *fragte*. Sie sagten mir, ich könnte mitkommen, wenn ich dem Publikum nachher darüber berichten würde. Dies habe ich auch getan, so gut ich konnte.

Das Schwerste aber, was ich jemals zu tun hatte, war, daß ich hierher zurückkommen und versuchen mußte weiterzuleben unter den primitiven Verhältnissen, die wir hier in diesen Bergen haben.

Dies ist zwar ein schönes, dichtbewaldetes Bergland, aber Wasser ist sehr oft ein Hauptproblem. Viele Leute, auch ich selbst, verwenden gefiltertes Regenwasser. Meine Quelle, aus der die Weltraumleute Wasser holten, trocknet zu Zeiten beinahe ganz aus.

Das Land ist steinig und schwer zu bearbeiten, und die Holzzecken scheinen Blut mehr als Holz zu lieben. Alles rings um den Platz und sogar große Flächen des Hofes müssen gespritzt werden, um sie zu vertilgen.

Die Zecken ebenso wie die Sandflöhe sind auch der Grund, warum die Hunde in der Quelle gewaschen wurden, ehe wir auf die Reise gingen.

Nachdem wir auf das Schiff gekommen waren, nahmen die drei Männer und ich ein Bad. Ich glaube, daß sie keinen Wert darauf legten, Zeckenbesuch zu haben, und ich fürchte auch, die Zecken würden nicht nach Hause zurückgekehrt sein.

Vorträge in Chicago und Detroit

Nachdem mein Ausflug zu anderen Planeten beendet war, wurde ich eines Tages zu einem Untertassen-Klub in Chicago mitgenommen (wenn auch nicht in einer Untertasse). Mir wurde jedoch nicht erlaubt, meinen Namen zu nennen oder der Gruppe meine Geschichte zu erzählen. Auch durften sie mich nicht fotografieren, und viele von ihnen hatten doch Blitzlicht-Kameras.

Nachdem diese Versammlung vorüber war, suchten mich die Weltraumleute auf und sagten mir, daß ich nicht so gehandelt hätte, wie ich es mit ihnen verabredet hatte. Ich hatte nicht selber meine Geschichte erzählt. Jedoch Bucky kannte die bösen Wege dieser Welt, und er sagte mir, daß er mir wieder zu einer Chance verhelfen wollte.

Ich weiß nicht, wie er das machte, aber auf jeden Fall wurde ich von einem Untertassen-Klub nach Detroid eingeladen, und dort erzählte ich meine Erlebnisse selber, und zwar auf meine eigene Weise. Dafür werde ich immer dankbar sein.

Ich hielt meinen Vortrag am 26. Juli 1955 im Veteranen-Gedächtnis-Gebäude.

Allen unbekannt war an jenem Abend ein Vertreter des Planeten Venus in der Menge, der mir nach der Versammlung sagte, daß ich es richtig gemacht hätte und daß ich die Erlaubnis erhalten würde, wieder einen Ausflug in den Weltraum zu machen.

Aber dafür war noch kein Datum angesetzt worden.

Viele werden sich ohne Zweifel erinnern, wie ich darüber an derselben Stelle, am 28. Juli, also zwei Tage später sprach.

Wissenschaftler besuchen Buck und glauben ihm

Als ich in Chicago war, befragten mich *Wissenschaftler* und *Astronomen*. Ich beantwortete ihre Fragen und erzählte ihnen auch von einer *Brücke auf dem Mond (!),* die von einem Krater zum anderen ging.*) Die Weltraumleute hatten sie erbaut; so konnten sie ihre Fahrzeuge benutzen, die drei bis fünf Fuß über dem Erdboden dahingleiten, und sie brauchten nicht ihre Raumschiffe zu verwenden.

Diese selben Männer (Wissenschaftler) kamen später zu meinem Wohnsitz und sagten, daß sie dächten - nachdem sie wieder den Mond beobachtet hatten -, dies Ding könnte wirklich eine Brücke sein.

Sie stellten mir lange Zeit Fragen, und mehrere Male nickten sie einander zu und sagten: "Er ist dort gewesen." Sie wollten mir aber nicht sagen, welche meiner Antworten ihnen dazu verholfen hatte, diesen Schluß zu ziehen.

Ein Astronom kam von der Westküste angefahren und fragte mich, wie es im äußersten Weltraum aussah. Ich erzählte ihm, es wäre tintenschwarz. Er dankte mir - sagte "Lebewohl" und fuhr wieder ab.

---

*) Vergleiche die Aussagen von Prof. Dr. H. P. Wilkins über die "Mond-Brükke" in "Planetenmenschen besuchen unsere Erde" (Neuauflage im VENTLA-Verlag voraussichtlich 2. Jahreshälfte 1997)

Auffallendes Interesse der Militärleute

Unter den vielen Leuten, die mich besucht haben, waren auch einige Leute von der US-Armee. Sie haben den Platz vermessen, wo die Untertasse herunterkam, und sie maßen den Winkel von dem Stückchen Zaun, welches auf dem Foto zu sehen ist, das ich von den Untertassen machte.*)

Dann zahlten sie mir 5 Dollars dafür, daß ich einen der Zaunpfähle weiterrückte, aber ich sollte niemand sagen, wohin ich ihn weitergerückt hatte.**)

Tatsächlich war einer der Soldaten oft in meiner Wohnung und fühlte sich so zu Hause bei mir, daß er in die Haustür trat und laut rief: "Na, Vati, ist das Abendessen fertig?" (Aber *er* lud mich dann zum Essen ein.)

Ich entwickle viele meiner eigenen Filmrollen und mache Abzüge, aber ich fürchtete, die Filmrolle zu entwickeln, mit der ich die Untertassen geknipst hatte, da ich ja nur ein Amateur-Fotograf bin.

Wie ich schon sagte, hatte ich niemals von Untertassen gehört, wenigstens nicht von der "fliegenden Spielart", aber ich wußte, daß diese Dinge etwas höchst Ungewöhnliches waren. Erst die Leute, welche den Film entwickelten, machten die US-Armee aufmerksam und sagten, ich hätte etwas, was untersucht werden müßte. Diese Männer von der Armee kauften die Kleidungsstücke, die ich auf dem Raumschiff getragen hatte. Das Metall, sogar die Ösen meiner Schuhe, waren magnetisiert. Ich weiß nicht, welche Art Metall in den

---

*) Siehe Foto Seite 11. Es ist erstaunlich, *wie* ernst dieser brave Farmer genommen wurde; ergo können seine anderen Berichte nur *Wahrheit* sein. Niemals könnte der schlichte Mann derartige "Fantasien" entwickeln. D.H.

**) Warum wollte die US-Armee wohl, daß Buck Nelson den Pfahl versetzen sollte? Damit man ihm später evtl. "Fälschung" unterschieben könnte? D.H.

Schnallen meines Overalls war, auch weiß ich nicht, ob alle Arten Metall magnetisiert waren oder nicht. Ich vermute, daß sie die Sachen haben wollten, um sie wegen all dieser Dinge zu prüfen.

Post an Planetarier

Unter den vielen Leuten, die hier nach Mountain View kamen, waren Frau Fanny Lowery und ihre Schwester Florence Collins. Frau Lowery wollte damals wissen, ob die Weltraumleute wiederkämen. Ich erzählte ihr, daß Bob Solomon sich zwar von mir verabschiedet, aber Bucky gesagt hätte, er wollte versuchen, so um die Feiertage herum wiederzukommen.

Als nun Frau Lowery Weihnachtskarten verschickte, sandte sie auch eine an Bucky, per Adr. Farm von Herrn Nelson. Ich legte den Umschlag ungeöffnet auf das Wandbrett und hoffte, daß Bucky kommen würde. Und er kam tatsächlich!

Er traf am 25. Dezember 1955 um 1.30 Uhr früh ein und ging beinahe um Mitternacht desselben Tages fort, war also ungefähr 22 1/2 Stunden bei mir.

Bucky lachte wie ein achtjähriger Junge, als er das Bild auf seiner Karte sah.

Es war bloß ein Reklamebild, aber es zeigte die Abbildung von acht oder neun Affen, die an einem neuen gelben Auto allerhand Unfug verübten.

Sie taten Benzin in den Kühler, Frostschutzmittel in den Benzintank und strichen es mit einem abgenutzten groben Pinsel rot an. Unter dem Bild stand: "Laß nicht jeden Affen an dein Auto ran!" Auf der Rückseite war zwischen den Reklamezeilen die Frage geschrieben: "Benimmt sich jemand auch so *affig* bei den Untertassen?"*) Bucky sagte, daß das seines Wissens das erste Geschenk wäre, das von einer Person auf der Erde *mit der Post* an eine Person auf einem anderen Planeten geschickt worden sei. Er nahm es mit zur Venus und versicherte, daß er dieses Geschenk allezeit sehr in Ehren halten würde.

Als Bucky mich besuchte, hinterließ er eine Botschaft an die ganze Welt, die ich auf ein Tonband aufnahm. Er beantwortete darin auch Frau Lowerys Frage.

Ich begann:" Dies ist eine Tonbandaufnahme, die im Haus von Buck Nelson am Weihnachtstag 1955 gemacht wurde. Mein entfernter Vetter "Bucky" ist hier bei mir. Bucky wird ein paar Worte zu euch allen in Amerika und in der ganzen Welt sagen. Die nächste Stimme, die ihr hören werdet, ist die von "Bucky" vom Planeten Venus ...

Also beginne, Bucky" ...

---

*) Erinnert an eine geistlose Karte, die "Fliegende Scheiben" madig machen wollte und in Kaufhäusern angeboten wurde. D.H.

Buckys Weihnachtsbotschaft an die Welt

Und hier sind seine Worte, genau wie er sie damals sprach:

"Ich möchte euch allen eine fröhliche Weihnacht wünschen und besonders Fanny Lowery für ihre Karte danken. Auch möchte ich ihr die Antwort auf ihre Frage geben ... - Ja, es ist unseren Schiffen passiert, daß sie zu "Andenken" in Stücke gerissen wurden. -

Ich schätze solche Geschenke wie ihre Karte hoch, und ich weiß, daß der Geber keine Gegengabe erwartet, da wir nicht Güter mit dieser Erde austauschen können. Viele kennen den Grund. Buck hier kann allen antworten, die danach fragen.

Nun will ich euch erzählen, warum ich hier bin. Ich bin gerade aus Kalifornien zurückgekehrt, dann fuhr ich weiter, um meine Angehörigen in Colorado zu besuchen. Jetzt bin ich hier, um Dich, Buck, zu besuchen und der Welt durch diese Tonbandaufnahme zu sagen, daß sie *atomare Waffen und Kriegsführung aufgeben muß.*

Der nächste Krieg, sollte er wirklich ausgefochten werden, wird auf amerikanischem Boden stattfinden. Amerika würde vernichtet werden und danach die Zivilisation auf der ganzen Welt.

Wir sind hier, um zu sehen, auf welche Art diese Welt die Atomkraft verwenden wird - für den Frieden oder für den Krieg. Wir haben erlebt, wie ein anderer Planet sich selbst zerstörte.*) Ist diese

---

*) Die Planetoiden-Schwärme zwischen Mars und Jupiter sind die Trümmer eines ehemaligen Großplaneten. Sein Untergang ist in dem aufschlußreichen Buch "Mallona, der geborstene Asteroiden-Planet" von Leopold Engel geschildert (über VENTLA-Verlag beziehbar). Wir verweisen ferner auf das Kapitel "Maldeck, der verlorene Planet" aus "Dick Miller's Kontakte mit Sternenmenschen" und auf Angeluccis hervorragendes Buch "Geheimnis der Untertassen", VENTLA-Verlag. D.H.

Welt nun der nächste Planet? Wir möchten das gern wissen, und wir beobachten und warten. - Nochmals sage ich: Gebt die atomaren Waffen auf und möge Friede auf Erden sein! Ich werde Buck noch vielmehr darüber sagen, was er dann der Welt weiterberichten kann.

Ich weiß, Buck will, daß ich meine Zeit hier mit ihm privat verleben und daß ich mich bei ihm zu Hause fühlen soll, und ich selbst möchte das auch gern. Aber ich muß aller Welt jetzt Lebewohl sagen.

Bucky
von der Venus"

Ich danke Dir, Bucky, für Deine Ansprache an die Menschen unserer Erde.

Diese Ansprache ist aufgenommen in Buckys Farm Mountain View, Missouri.

Ende des Tonbandes

(Bucky kam, um mich zu sehen, am 25. Dezember 1955, um 1.30 Uhr und verließ mich um Mitternacht des 25. Dezember 1955.)

Kuriositäten

Ein paar Freunde kamen mich zu Weihnachten besuchen. Sie sahen Bucky, hatten aber keine Ahnung, daß er etwas Besonderes war. Einer von ihnen versuchte sogar, ihm eine Versicherung anzupreisen.

Eine Versicherungspolice würde ihm ungefähr soviel von Nutzen sein, wie ein Rad eines Fahrrades an einer Fliegenden Untertasse. (Es ist eine Schande, daß man einem so schönen himmlischen Fahrzeug solch einen Namen gibt.) Eine Versicherung würde, wie so viele andere Dinge, die wir haben, auf einem anderen Planeten zwecklos und unerwünscht sein.

Wir haben auf der Erde viele Dinge, sagte Bucky, die genau die Kehrseite von dem sind, was sie sein sollten. Beim Inserieren suchen wir oft zu beweisen, daß ein Erzeugnis soviel besser ist als ein anderes, während es doch tatsächlich nur in der einen oder anderen Art von ihm verschieden sein mag. Das Inserieren sollte - wie alles andere auch - der Wahrheit entsprechen.

Die Etiketten auf Konservenbüchsen zum Beispiel sollten zuerst den Inhalt angeben, und nachher erst die Warenzeichen. Nehmen wir einmal eine Konservenbüchse mit Schweinefleich und Bohnen. Die Aufschrift sollte sein "Bohnen" und dann "Schweinefleisch". Warum sollte ein Scheibchen Schweinefleisch den Vorrang haben vor einer ganzen Büchse voll Bohnen?

Wir könnten eine nutzlose Doppelbesetzung in der Regierung ausschalten, wenn wir unser Land nur in drei oder vier Teile, statt in achtundvierzig einteilten.

Grundbesitz? Meine Leser können sich ausmalen, was die Weltraumleute über unseren Grundbesitz denken!

Als ich auf dem Raumschiff war, sah ich Embleme der Pyramiden auf ihren Handtüchern. Ich fragte sie, warum sie etwas Derartiges von uns gebrauchten. Sie sagten mir, daß sie gesehen hatten, wie unsere Zivilisation viele Male unterging. Dann gab mir Bucky Weihnachten mehr Informationen darüber. Er sagte, daß einige Leute, welche die Pyramiden gebaut hatten, zum Mars und zur Venus gebracht wurden und später auf diesen Planeten starben. Die Steine für die Pyramiden wurden durch magnetische Kraft emporgehoben, durch *dieselbe Kraft, die auf ihren Raumschiffen verwandt wird.*

Es gibt einen Schacht in einer der Pyramiden (oder war in früheren Zeiten da), durch den ein besonderer Stern gesehen werden konnte. Wenn dieser Stern gesehen wurde, pflegte der Nil nach drei Tagen über seine Ufer zu treten.*)

*) Buck Nelson vergaß es wohl, daß dieser Schacht in der Gizeh-Pyramide heute noch vorhanden ist; nur war er ursprünglich auf die damalige Stellung des Polarsterns ausgerichtet, aber durch Achsverschiebung der Erde stimmt das heute nicht mehr. D.H.

Unsere Biblische Sintflut
Untergang von Atlantis

Atlantis war eine gottesfürchtige Nation und der größte*) von den bekannten Kontinenten auf Erden. Die Leute dort wurden weise, stark und gelehrt. Aber, als sie Gott vergaßen, wollten sie mehr Macht erlangen, damit sie mehr Mußestunden für ihr Vergnügen hätten.

Sie waren vordem noch keine kriegerische Nation gewesen; sie hatten aber eine Kraft kennengelernt, die noch größer war als unsere atomare Kraft. Sie hatten große, lange und breite Tunnels unter ihrer größten Stadt. Diese wurden gebraucht für ihre Forschungsarbeiten und für das Experimentieren mit der neuen Kraft, die sie entwickelten. Bei solchen neuen Experimenten wurde die Kraft**) entfesselt und Atlantis wurde vernichtet. Es versank im Ozean. Das war unsere biblische Sintflut.***)

Alle zu jener Zeit bekannten Länder wurden überschwemmt, da ungeheure Flutwellen die Folge des Untergangs waren, und Nordamerika erhob sich aus dem Ozean. Bewohner von Atlantis betrieben Weltraumfahrt und Güteraustausch mit anderen Planeten. Einige Menschen dieses Kontinents entgingen dem Tode und wurden zur Venus gebracht.

Die Venus hat Berichte von dem Untergang von Atlantis. Es wird gesagt, daß auch einige Leute zum Ufer des neuen Nordamerika aus-

---

*) Ist wohl in entwicklungsmäßig-kultureller Hinsicht gemeint. D.H.

**) (unkontrolliert) D.H.

***) *Vor* der biblischen Sintflut, die wir rund 4.500 Jahre zurückdatieren, waren weitere gewaltige Fluten; von einer derselben ist hier nach unserer Meinung die Rede. D.H.

wanderten.*) Sie entarteten wohl, weil sie in Höhlen lebten und Fische und Seetang aßen. Vielleicht waren diese Menschen unsere erste Zivilisation seit der Flut. Dann verschwanden sie von der Erde und hinterließen viele Felsenwohnungen und Zeugnisse ihrer früheren Zivilisation.

Bucky sagte mir, daß die Venus- und Marsmenschen gesehen haben, wie die Erde viele Male bevölkert wurde, und wie diese Bevölkerung immer wieder verschwunden ist. Das letzte Mal geschah dieses Bevölkern von vielen Planeten aus, die solche Leute hierher schickten, die bei ihnen unerwünscht waren, damit sie hier ihre eigenen Probleme ausarbeiten und lösen lernten.**)

Radionachricht aus dem Weltraum***)

Am 21. Juni 1956 hörte ich Radio in meinem Zimmer im Dressel Home in Washington, D.C. (1430 "N" St.NW). Plötzlich brach das Programm ab, als ob eine Extrameldung käme. Statt dessen war es mein Vetter Bucky von der Venus. Er sagte mir, daß allerlei Leute auf meinem Hof in Mountain View zusammengekommen wären und daß für mein Pferd und das Fohlen gut gesorgt würde, denn die Fässer wären voller Futter. Diese Fässer mit Mais und Häcksel stehen in einem eingezäunten Vorraum an der Rückseite des Hauses unter einem guten festen Dach. John H. Tyrinell hatte immer gut für meine Lieblinge gesorgt, so hatte ich mich nicht besonders ihretwegen beunruhigt, obgleich ich natürlich sehr viel an sie dachte, da sie die

*) Weitere Auswanderungen erfolgten nach Ägypten. Man hält die früheren Pharaonendynastien für Nachkommen der Atlantier, während die Steinbilder auf der Osterinsel den Nachkommen der Lemurier zugeschrieben werden.
D.H.

**) Diese Version geht durch die gesamte UFO-Kontaktler-Literatur. D.H.

***) Solche wurden auch von G.H. Williamson, Dick Miller und Bob Renaud in vielen sensationellen Empfängen im Sprechfunk aufgenommen D.H.

einzige Familie sind, die ich habe. Auch andere haben für sie gesorgt.

Ich wußte, daß meine Freunde, die Sherman Lowerys aus Clarkston, Michigan, in meinem Heim waren, aber ich hatte keine Ahnung, daß sonst noch jemand dort war, bis Bucky es mir durch das Radio sagte. Dies wurde bestätigt, als ich bei den Lowerys am 2. Juli 1956 anlangte.

Vorträge in Baltimore, Washington, im Rundfunk und Fernsehen

Den Monat März verbrachte ich in Baltimore und Washington, D.C. Dies war mein erster Besuch im Osten in dieser UFO-Angelegenheit. Den zweiten Besuch machte ich im Monat Juni 1956. Meine Aufgabe war, von meinem Ausflug zu erzählen, den ich zum Mars, zum Mond und zur Venus gemacht hatte, wie ich es meinen Weltraumfreunden versprochen hatte.

Ich bin nicht der erste, der zu einem anderen Planeten mitgenommen wurde, aber ich glaube, daß ich augenblicklich der erste bin, der darüber spricht. Aber schließlich: Narren gehen dorthin, wo Engel sich fürchten hinzutreten.

Einige Regierungsbeamte haben mir zugegeben, daß etliche unter ihnen zu anderen Planeten mitgenommen wurden, aber daß sie ihre Identität nicht enthüllen können.

Alle, außer einem, waren enttäuscht, daß ich ihnen nicht mehr Informationen geben konnte, aber da ich ja keine wissenschaftliche Ausbildung erhalten habe, kann ich nur das berichten, was ich sehe und was mir gesagt wird.

Viele Leute aus allen Schichten haben mir geholfen, diese Informationen herauszugeben, so daß es unmöglich ist, ihnen allen gerecht zu werden durch Würdigung ihrer Verdienste in einer so kleinen Broschüre.

Die angeführten Namen wurden mitgeteilt, weil sie auf die eine oder andere Art mit dieser Geschichte in direkter Verbindung stehen.

Unter den vielen Stellen, wo ich die Geschichte von meinem Ausflug erzählt habe, ist auch eine Anzahl Kirchen gewesen.

Der Rundfunk und das Fernsehen haben mich als Gast auf ihren Programmen gebracht.

Ich trage immer "Latz-Overalls", einerlei wo ich bin. Daran bin ich nun einmal gewöhnt, und ich sehe keinen Grund dafür, das jetzt zu ändern. Die Weltraumleute sagen mir auch, daß diese Kleidung für mich die beste ist, weil die Menschen mich leichter daran erkennen können. Ich denke, das ist etwas, was mit ihren zukünftigen Plänen für mich zusammenhängt.

Planetarier auf Erden
USA-Flaggen auf Planeten

Etwa 1.500 Menschen vom Mars und von der Venus leben derzeit in unserer Nation. Wir können uns leicht ihre Hilfe beim Lösen unserer Probleme verschaffen.

Die Akten unserer Luftwaffe sollten dem Publikum zugänglich gemacht werden, damit es die Wahrheit erfährt. Wenn die Leute die Wahrheit wüßten, könnte dadurch ein Atomkrieg vermieden werden, der unsere Zivilisation vernichten würde.

Als ich mich für meinen Weltraumflug vorbereitete, verschaffte ich mir einige kleine amerikanische Flaggen. Auf jedem Planeten, den ich besuchte, ließ ich eine davon und befestigte jeweils einen kleinen Zettel daran mit den Worten: "Flagge der USA vom Planeten ERDE; gegeben der VENUS (resp. Mars, Mond) von Buck Nelson."

Wenn in den folgenden Jahren jemand zu diesen Planeten kommt, wird er dort die Flagge der USA mit meinem Namen vorfinden.

Frau Lowery hat dies handschriftlich aufgezeichnet, während sie bei mir Ordnung machte, meine vielen Besucher empfing, Konservendosen öffnete und Kaffee kochte. Aber diese Geschichte wird länger als der Schweif des Feuerballs, den ich im Januar 1956 fotografierte, und so will ich nun lieber aufhören.

Eine Nachschrift von Fanny Lowery

Da ich eine Frau bin, sieht es so aus, als ob ich versuchte, das sprichwörtliche letzte Wort zu behalten. Auf jeden Fall denke ich aber doch, daß viele Menschen an den paar Beweisen für Bucks Erlebnisse Interesse haben werden.

Besonders interessant ist die Mühe, die sich ein gewisser Jemand gibt zu verhindern, daß die hier geschilderten Verhältnisse im Druck erscheinen.

Nachdem unser guter Freund nach Missouri zurückgekehrt war, schrieb er uns über den Ausflug. Hier ist eine gedrängte Zusammenstellung von dem, was sich ereignete:

"Liebe Freunde,

ich habe nirgendwo den Krug mit der Flüssigkeit und der Aufschrift "Das Bad von Bo" finden können.

Ich hatte eine gute Heimfahrt, ausgenommen, daß ich an zwei Haltestellen aus dem Bus geholt wurde; einmal in Toledo und das zweite Mal in Fort Wayne-Indiana. Mir wurde gesagt, was ich nicht erzählen dürfte; man verlangte von mir, über die Dinge zu schweigen, die meine Geschichte beweisen. - Als ich dann nach Hause kam, kamen *"drei Männer in Schwarz"* in mein Haus. Sie sagten mir, ich sollte alles vergessen, was ich über die Raumschiffe wisse und woher sie kommen. Ich zeigte ihnen meine Flinte und sagte ihnen, sie sollten nicht dichter herankommen, wenn sie nicht Unannehmlichkeiten haben wollten. Sicherlich gestattete mir das Gesetz, daß ich mich selber vor solchen Leuten schütze.

Sie beredeten sich untereinander und sagten: "Nun, du kannst deine Geschichte erzählen oder drucken, weil sie ja schon so gut bekannt ist, aber *versuche niemals, sie zu beweisen!"*

Vieles von dem, was die drei Männer in Schwarz zu mir sagten, ist schwer zu erzählen. Vieles hatte überhaupt keinen Sinn. Jedenfalls jagte es mir keine Angst ein. Ich glaube nicht, daß ich wieder belästigt werde, und ich denke auch nicht, daß sie Dich belästigen werden, weil Du mir bei dieser Arbeit hilfst. Du kannst dies auch für den Druck niederschreiben, wenn Du meinst, daß Du es wagen darfst. Ich arbeite gern mit Leuten von den Regierungsstellen zusammen, wenn sie mich besuchen kommen. Das tue ich jedenfalls, wenn sie mich wissen lassen, wer sie sind. Ich freue mich, daß ich ein Amerikaner bin und tue mein Bestes bei der Zusammenarbeit. Aber ich weiß nicht, wer diese Männer waren.

Euer Freund Buck"

Von ein paar Beweisen wird schon in Bucks Geschichte berichtet. Sie sind alle darin verstreut, und hier kommen noch einige weitere dazu.

Verschiedene Beweise hängen vom Zeitpunkt und von den Umständen ab.

Buck hatte kein Geld gehabt, um "Untertassen"-Bücher zu kaufen, selbst wenn er gewußt hätte, daß sie existieren. Es ist zweifelhaft, ob er *vor* der Zeit, da er die Erlebnisse hatte, sich für sie interessiert hätte. Das Leben war zu hart, und er war zu krank und verkrüppelt, als daß ihm der Sinn danach stand, viel über Leute von anderen Welten zu erfahren.

Im Monat Dezember 1955 wurde ich benachrichtigt, daß Buck Nelson ein Schwindler wäre und daß ein sehr prominenter Untersucher dorthin gekommen sei, Buck zu besuchen, als dieser niemand erwartete. Seinem Bericht nach fand er Buck mit allen möglichen Büchern über Fliegende Untertassen und dem "Popular Mechanics Magazine" (volkstümliche Mechaniker-Zeitschrift) beschäftigt. Man vermutete, daß er seine Geschichte aus diesen Büchern und Zeitschriften zusammengestellt hätte.

Nun, das konnte ich nicht schlucken, weil ich genau wußte, wann diese Bücher an Buck geschickt wurden und woher sie kamen. Meine Schwester Florence und ich hatten ihn am 4. Oktober 1955 besucht. "Im Innern der Raumschiffe" von George Adamski war ihm gerade zugesandt worden. Als Buck sein Erlebnis hatte, war dieses Buch noch in Händen des Herausgebers. Buck erhählte mir von dem Licht, das keinen Schatten wirft, gerade wie Adamski in seinem Buch. Ich hatte ihm gleich, als ich nach Hause kam, Untertassenbücher von verschiedenen Verfassern gesandt. Ich lernte Buck erst kennen, als der Fliegende-Untertassen-Klub in Detroid ihn als Gastredner bei sich hatte, und so wurde von seinen Erlebnissen berichtet, *bevor er jemals von Adamski gehört hatte.*

Mein Sohn Nathan und ich besuchten Buck während der Feiertage. Ich blickte in Bucks Gästebuch, und der Name der verdächtigen Person erschien richtig ernst *nach* den Eintragungen von meiner Schwester und mir.

Nathan und ich waren noch nicht zwei Stunden in Bucks Haus, als er uns von der "Buchmaschine" auf der Venus erzählte. Die einzige ausführliche Beschreibung dieser Maschine, die ich jemals gefunden habe, steht in einem Buch, das vermutlich auf Eingebung hin durch Phylos geschrieben worden ist. Es heißt: "A Dweller on Two Planets" (vergriffen). Sogar die Größe der Maschine stimmte.

Ich glaubte zwar Buck schon vorher, aber als er mir von jener Maschine erzählte, gab das bei mir den Ausschlag. Damals war das Buch außerordentlich schwer zu beschaffen. "The od Prof's Book shop" in Pontiac/Michigan (ein Antiquariat) mußte nach Kalifornien schreiben, um es zu bekommen. Es wurde also durch eine antiquarische Buchhandlung vermittelt.

Buckys Antwort (zu Anfang des Tonbandes mit seiner Weihnachtsbotschaft) auf meine Frage wegen der Leute, die mit den Untertassen "affigen" Unfug treiben, war, daß Schiffe der Weltraumleute tatsächlich in Stücke gerissen worden waren als "Andenken". Damals hatten wir nur eine ganz leise Anspielung darüber gelesen, daß sich so etwas ereignet hätte. Dann borgte uns im Juni Familie Roy Tedrick aus West Plains/Missouri das Buch von Frank Scully "Behind the Flying Saucers" (vergriffen) (Hinter den fliegenden Untertassen her). Dieses Buch berichtet mit allerhand Einzelheiten über Erdenbewohner, die Untertassen in Stücke gerissen haben, um "Andenken" zu erhalten.

Ein paar Tage, nachdem wir bei Buck angekommen waren, gingen wir drei zu der Seite des Berges hinunter, wo, wie Buck wußte, größere Raumschiffe gelandet waren. Spuren von ihrer dreibeinigen Landevorrichtung waren nicht zu sehen. Wir hielten nach Zeichen in der Erde Ausschau, statt dessen fanden wir ein Zeichen am Himmel. Es war ein großes Wolkenkreuz von mindestens 5 bis 8 km Länge. Sonst war keine Wolke an jenem Teil des Himmels.

Dann, einen oder zwei Tage später, machte Buck einen Schnappschuß von einem solchen Kreuz am Himmel, und am 1. Januar 1956 bekam er einen Feuerball auf seinen Film.

Das Datum, an dem das Foto von "Big Bo" gemacht wurde, ist leider nicht notiert worden, aber Buck erzählte, daß Bucky Bo mehrere Male mitbrachte. Bucky machte auch Fotos von Teddy, den er zur Venus mitnahm.

Regierungsbeamte, die mit Buck arbeiteten, waren imstande, Bos Größe, mit den Bäumen im Hintergrunde verglichen, annähernd festzustellen, da sie wußten, wo die Kamera aufgestellt worden war. Ein kurzer Bericht über die Analyse von Bos Haaren wurde mir von Rose Hacket aus Baltimore gesandt. Eines ihrer Klubmitgieder hatte sie analysieren lassen.

Als Sherman und ich im Juni 1956 zu Bucks Farm fuhren, trafen wir einige seiner Nachbarn, unter ihnen Carl Crank und seine Mutter. Carl ist der Postbote, der die erste Postsache austrug, von der man weiß, daß sie für einen anderen Planeten bestimmt war. Die "maßgeblichen Stellen" hätten keinen netteren Burschen aussuchen können.

Mrs. Crank war die liebenswürdigste Wirtin, die man treffen konnte. Sie hieß uns als Bucks Freunde willkommen und bestätigte, das Buck *vor* dem Besuch der Raumschiffe krank und verkrüppelt gewesen war. Sie nannte auch zwei Männer in der Stadt mit Namen, welche die Untertassen die ganze Zeit über gesehen hatten an dem Tage, als sie das erste Mal über Bucks Wohnsitz erschienen waren.

Herr James Hill aus Seymour/Missouri erzählte uns, daß er von der Regierung geschickt worden sei, um Buck auszufragen. Er fand in medizinischen Berichten, daß Bucks Angaben über seine Gesundheit (resp. Krankheit D.H.) der Wahrheit entsprachen. James und seine Frau sahen Raumschiffe, während diese über Bucks Grundstück waren. Wir lernten eine ganze Anzahl von Bucks Freunden kennen und fanden, daß sie sehr feine Leute waren. Sie schienen Buck außerordentlich zu schätzen und verbürgten sich für seine Ehrlichkeit.

Ein altes Wort sagt: "Ein Prophet gilt nirgends weniger denn in seinem Vaterlande und in seinem Hause" (Math. XIII, 57). Nun, Buck scheint eine Ausnahme zu sein. - Herr und Frau Christan, die nur acht oder zehn Kilometer von Buck entfernt wohnen, veranlaßten ihn, in der Sonntagsschule des Ortes von seinem "Ausflug" zu erzählen.

Oblgleich sie deswegen angegriffen wurden, machten sie keinen Rückzieher.

Auch sie hatten beide keine "Untertassen"-Bücher vorher gelesen.

Das erfordert mehr als Mut . . .

Das erfordert wirkliches Vertrauen und Überzeugung.

Bob Young

Es geschehen immer noch Wunder, und hier ist ein Beweis dafür. Die höheren Mächte haben die Möglichkeit, in der dunkelsten Stunde Licht zu bringen.

Bob Young, ein Buchdrucker aus Waterloo/Iowa, kam zu meinem Konvent auf einem Motorrad, das überladen war mit einem Zelt, zwei Tonbandapparaten, Essen, Kleidung, Drucksachen usw. Alles ging gut während des Konvents. Bob nahm die vielen Redner auf Band auf mit der Absicht, einen Bericht unter dem Titel "Die UFOs existieren" zu veröffentlichen.

Er machte sich, wieder sehr beladen, auf den Heimweg. Ungefähr vier Meilen östlich von Willow Spring platzte sein Hinterreifen, und Bob wurde etwa 25 m mitgeschleift. Sein Rücken war völlig zerschrammt, er hatte ein Loch in der Seite, eine üble Wunde am Kopf und seine Hand war bös zugerichtet.

Ja, das war eine trübe Stunde für Bob, aber sie sollte nicht trübe bleiben. Von einer führenden Kraft veranlaßt, verzögerten die Konventteilnehmer Herr und Frau Ben Hensevelt ihre Abfahrt, so daß Bob vor ihnen losfuhr. Er hatte den Unfall, und Hensevelts kamen gerade dazu. Nach einem Stoßgebet luden sie Bobs ganze Sachen auf ihren Anhänger und brachten ihn selbst in eine Klinik nach Willow Springs. Es traf sich wirklich sehr glücklich, daß gerade ein Chirurg aus Chicago die Klinik besuchte; dieser verbrachte dann zwei Stunden damit, Bobs Wunden zu behandeln.

Die Hensevelts nahmen zwei Männer mit, kehrten zu der Unfallstelle zurück und luden das Motorrad auf den Anhänger.

Die Ärzte rieten Bob, sechs Wochen in der Klinik zu bleiben, aber nach einer Beratung fuhren Herr und Frau Hensevelt ihn nach Waterloo/Iowa.

Es braucht nicht gesagt zu werden, daß solch eine Handlungsweise in den Herzen gewisser Wesen höchste Anerkennung gefunden hat.

Du aber, Bob Young, werde gesund!

(Dieser Artikel ist entnommen aus dem "Spaceviewer", Direktor Paul M. Wheeler, 1117 W. Truman Road, Independence/Missouri.)

Paul M. Wheeler war einer der vielen Redner auf meinem Konent, und ich sage ihm herzlichen Dank für seine Hilfe hier während des Konvents und für seinen Artikel über Bob.

Bob Young berichtete über meinen ersten Konvent im Jahr 1958 und jetzt auch über den zweiten von 1959 unter dem Titel "Fliegende Untertassen existieren".

Bekanntmachung von Bucks Fliegendem-Untertassen-Klub

Bei vielen meiner Vorträge ist oft angeregt worden, daß ein Klub für diejenigen gegründet werden sollte, die sich dafür interessieren, UFO-Informationen, Fotos, Zeitungsausschnitte usw. miteinander auszutauschen. Namen und Adressen werden abgedruckt; so können Mitglieder einander direkt schreiben.

Buck Nelson
Mountain View, Missouri
Route 1

Tonbandaufnahmen

Jeder, der sich für Tonbandaufnahmen guter Kirchenmusik, UFO-Vorträge, Weltraum-Musik und Botschaften aus dem Weltraum interessiert, schreibe an

Buck Nelson,
Mountain View, Missouri

Camping

Die Leser meines Buches werden eingeladen, *gebührenfrei* auf meinem Eigentum im Freien zu campen. Für den Platz wird kein Preis erhoben. Holz ist frei für Ihr Lagerfeuer. Frei Wasser. Bringen Sie Ihr eigenes Zelt mit. Das Lagern im Freien ist zu jeder Zeit des Jahres und während des *Konvents* gebührenfrei.

Buck Nelson

UFO-Forschung

Wir heißen Sie willkommen, wenn Sie an unserer Forschungsarbeit teilnehmen wollen.

Ihre Fotos, Zeitungsausschnitte, UFO-Sichtungen werden uns willkommen sein. Senden Sie sie mit der Erlaubnis ein, daß wir sie veröffentlichen dürfen. Einsendungen können nicht zurückgeschickt werden.

Amerikaner schicken sie bitte an:
Bucks Mountain View Farm, Mountain View, Missouri.

Europäer schicken Sie bitte an.
Deutsche UFO-IFO Studiengemeinschaft (DUIST) e.V.)*
Redakteur der "UFO-Nachrichten" Karl Veit,
Wiesbaden-Schierstein

---

*) Die DUIST e.V. ruht wegen Erkrankung des Gründers Karl Veit. Ihre Einsendungen können Sie jedoch richten an:
VENTLA-Verlag Nachfolger, Postfach 3112, D-33261 Gütersloh
oder: UFO-Nachrichten Nachfolger: Werner L. Forster, Postfach 1211, D-87630 Obergünzburg

Untertassen-Detektor
auf einfachste und wirksame Art

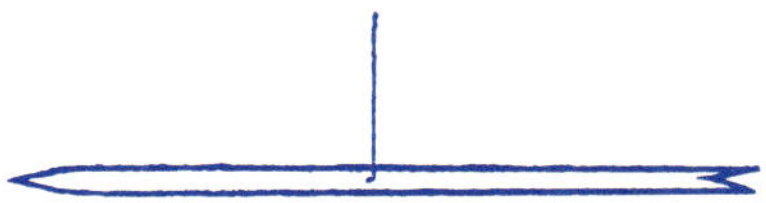

Hängen Sie ihn an der Decke des Zimmers auf

Wenn ein magnetischer Stab an einer Schnur aufgehängt wird, wird er als Untertassen-Detektor dienen. Er muß an einer Stelle aufgehängt werden, die frei von Zug ist. Wenn ein Raumschiff über dem Hause ist, wird der magnetisierte Stab aufwärts gezogen. Wenn das Raumschiff über dem Hause kreist, wird der Stab sich in einem Kreise bewegen.

Dieser magnetisierte Stab kann in den meisten Radio-Reparatur-Werkstätten gekauft werden.

Der magnetisierte Stab braucht nur 10 Zentimenter lang zu sein.

Ein Wort an meine Leser

Eine Zeitlang erhielt ich eine Rente wegen "dauernder, vollständiger Arbeitsunfähigkeit".

Aber ich finde, meine Rente war *nicht* so dauernd.

Weil ich Fliegende Untertassen gesehen und gesagt hatte, daß ich in einer gefahren bin, wurde mir meine Rente entzogen.

Wenn ich 65 Jahre alt bin, werde ich niemals die "Altersrente" erhalten.

Nun widme ich mein Leben dem Verkünden der Weltraumgeschichte und des wahren Evangeliums.

Ich brauche eure Gebete und eure Hilfe, wenn diese Arbeit fortgesetzt werden soll.

Die Weltraumbrüder haben meine Aufmerksamkeit darauf gelenkt, daß die Zeit gekommen ist, wo diejenigen, die *Gott* wahrhaft lieben und sich mit dem Weltraum beschäftigen, ihren eigenen Rundfunksender haben sollten. Es wird angeregt, daß solch ein Sender auf meinem Land erbaut wird, zugleich mit einem Camp für Freunde der Weltraumleute.*)

Buck Nelsons Rentenangelegenheit

In "Flying Saucers" von Ray Palmer schreibt Gray Barker über Buck Nelson, den alten Mann, der auf Drängen seiner Freunde das Büchlein schrieb: "My Trip to Mars, the Moon and Venus."

Buck Nelson versuchte, von einer Staatspension von $ 55,-- im Monat zu leben, bis auch diese kleine Summe ihm entzogen wurde. Sie wurde ihm genommen, weil er darauf bestand, von den Besuchern der Weltraummenschen bei ihm zu erzählen. Das geschah folgendermaßen, mit Nelsons eigenen Worten:

"Die Bearbeiterin meines Falles kam in meine Wohnung und sagte: "Jeder, der behauptet, er hätte eine Fliegende Untertasse gesehen oder daß er in einer gefahren wäre, ist *verrückt!"* Sie war sehr böse und beleidigend zu mir. Was ich von ihr hinnehmen mußte, war eine Schande. Sie sagte, ich würde mich einer Untersuchung auf meinen

---

*) Einen derartigen Sender hat inzwischen Ing. Dr. h.c. Daniel Fry in Merlin/Oregon errichtet.

Geisteszustand hin zu unterwerfen haben, um meine Pension zurückzuerhalten; sie sagte aber, ich würde sie *nie* wiederbekommen, denn ich würde in eine Irrenanstalt überführt werden. Sie bemerkte, sie spräche sowohl für den Staat als auch für den Kreis und daß dadurch meiner Geschichte ein Ende bereitet würde, und das wäre das, was sie wollten, und sie würden mich verhungern lassen und versuchen, auf diese Weise meine Geschichte zu stoppen."

Nelson sagte auch, daß er einen Brief von seinem Sachbearbeiter bekommen hätte, in dem es hieß, daß er sich einer Prüfung seines Geisteszustandes zu unterziehen haben würde. "Man hat mich auch einen Kommunisten genannt, weil ich gegen den Krieg und die Atombombenversuche bin", fügte er später in einem Brief an "Flying Saucers", Amherst/USA, hinzu.

Ein Brief an den Herausgeber von "UNDERSTANDING", Ing. Daniel Fry

Altadena/Calif., Nov. 14, 1957

Lieber Dan,

ich schreibe für Dich und für "UNDERSTANDING" einen Teil eines langen Briefes ab, den ich von einem Freund Buck Nelsons bekam.

Es ist ganz klar, warum wir nicht versuchen sollten, das Buch "Mein Ausflug zum Mars, zum Mond und zur Venus" direkt bei Buck Nelson zu bestellen.

Aus triftigen Gründen möchte ich den Namen des Mannes, der an mich schrieb, vorenthalten, aber ich habe den Brief in meinen Akten.

Die Stelle lautet: "Empfing gerade Deine dringende Bitte wegen eines von Buck's Büchern ...

Ich kehrte eben von einem Besuch bei Buck Nelson zurück. Ich wollte den Mann von Angesicht zu Angesicht sehen und mit ihm lange genug zusammensein, um mich unmittelbar von seiner Glaubwürdigkeit zu überzeugen.

Ich *wurde* überzeugt, vollständig, so daß auch nicht der Schatten eines Zweifels übrigblieb ...

Tatsache ist, daß er sich weiterte, das Buch gleich anfangs an eine Gesellschaft für viele Tausende Dollars "auszuverkaufen", d.h. er sollte nur still sein und nichts mehr von seinen Erlebnissen berichten. Aber er weigerte sich. Da wurde er bedroht und verfolgt.

Die "drei Männer in Schwarz" besuchten ihn auch, und zwar gerade zu der Zeit, als er dabei war, einen Apparat zu vollenden, ähnlich demjenigen, welche die Weltraumbrüder benutzen, um Freie Energie zu entwickeln.

Es ist derselbe Apparat, den sie unseren Regierungsbeamten für den Fall angeboten hatten, daß sie keine Kriege mehr führen und die Herstellung der gräßlichen Atombomben einstellen würden, durch die viele Menschenleben und große Werte vernichtet werden.

Buck war im Begriff, seine Erfindung der Öffentlichkeit zu geben, aber die Männer verlangten, daß er sie *ihnen* sofort übergebe. Sie stellten eine große Kanne Benzin vor ihn und bemerkten, "daß es einen Unfall geben würde, wobei Buck getroffen werden würde, und niemand würde erfahren, wie es dazu gekommen wäre." Da nun Buck in einem dicht bewaldeten Gebiet lebt und sein nächster Nachbar 6,5 km entfernt wohnt und es obendrein Nacht war, blieb Buck nichts anderes übrig, als seine Erfindung den drei Unholden in Schwarz auszuhändigen (die im Dienst der Großbanken standen). Dies ist ein

Beispiel dafür, vor wem wir gewappnet sein müssen.*)

Sie versuchen, ihn daran zu hindern, sein Buch weiter zu veröffentlichen und von seinen Erlebnissen zu berichten.

Um seine Ausgaben zu bestreiten, mußte er die Hälfte seines Landbesitzes verkaufen. Sie fangen seine Post ab, so daß er in einigen Fällen Bestellungen zwei- bis dreimal aufgeben mußte.

Er bekommt keine Beihilfe aus Staatsmitteln, aber sie suchen, ihn dazu zu bringen, daß er sich auf seine geistige Gesundheit untersuchen läßt, *"damit sie für ihn sorgen können"*, wie sie ihm einzureden versuchen.

Buck Nelson ist es wert, daß man ihm hilft und ihn unterstützt. So versende ich die Bücher für Buck durch die Post, was ich von hier aus ohne Gefahr tun kann.

N.N.

Auszug aus dem Brief an Frau Elisabeth Hollmann vom 18.05.1960 an die DUIST.

Liebe Freunde!

Herzlichen Dank für Ihre erhaltene Karte.

Buck Nelsons Vortrag habe ich letzten Donnerstag, 12.05.1960, beigewohnt.

---

*) Hier wird einmal deutlich eines der Geheimnisse gelüftet, warum die Welt-UFO-Forschung offiziell so verhöhnt wird und man die IFOs hinwegzudiskutieren versucht! D.H.

Er spricht in seiner Schrift von den drei Männern, die zu ihm kamen; was er uns aber außerdem erzählte, hat er hierin nicht geschrieben, daß sie ihn schlugen und mit Füßen zur Erde traten und ihm den kleinen Apparat, den er unter der Anweisung der Raumbrüder gemacht hatte und der ihm Elektrizität für seine Farm lieferte, weggenommen haben.

Er wagt es jetzt nicht mehr, einen solchen Apparat nachzubauen, da er Angst hat, sie könnten ihm ein Leid antun, denn sicher würden sie wiederkommen. Wer die Männer waren, weiß er nicht. Buck Nelson ist ein kleiner, schwächlich aussehender Mann.

Buck Nelson sagte noch, er sei ungefähr nur je 20 Minuten auf dem Mond, dem Mars und der Venus gewesen.

In Ohio an der Northern University werden die UFOs wissenschaftlich studiert.*)

Herzliche Grüße an alle UFO-Freunde, besonders grüßt Sie

Ihre
Elisabeth Hollmann

---

*) Die Deutsche UFO/IFO-Studiengemeinschaft (DUIST) e.V. sandte Nummern der "UFO-Nachrichten" mit europäischen Sichtungen dorthin.

Interplanetarische Flugobjekte (IFOs) über Mountain View und Sapulpa

Im Juni 1963 nahm ich an Buck Nelsons Konvent teil, und ich holte den indianischen Häuptling "Standing Horse" (Stehendes Pferd) von seinem Wohnort in Sapulpa/Oklahoma ab. Über Bucks Farm sahen wir eine Menge UFO-Aktivität. Dort sind viel mehr Sterne am Himmel sichtbar als bei uns in Sacramento/Kalifornien. Dort ist der Himmel zur Nachtzeit ein Lichtmeer.

Aber die schönste Sichtung, die ich hatte, war die, die ich an des Häuptlings Wohnort, in der Nacht nach unserer Rückkehr nach dort, in Sapulpa/Oklahoma, hatte. Ich war in den Hof hinausgegangen und schaute nach dem Himmel, als ich einen "Stern" bemerkte, der sich umherbewegte. Ich rief den Häuptling und seine Frau Nappanee heraus, und während wir beobachteten, bewegte sich der Stern im Zickzack nach rechts, dann mehrmals aufwärts, dann von links nach rechts über den Zenit (es war am nördlichen Himmel). Als er an den östlichen Teil des Firmaments kam, traf er mit einem anderen Licht-Objket zusammen, und sie spielten eine Weile miteinander "Nachlaufen". Dann bewegte er sich über den Himmel, bis er am südöstlichen Firmament war, wo er einen Platz einnahm und sich nicht mehr bewegte.

W.T. Vandeventer
"Understanding", Okt. 1963

Buck Nelsons Vortrag über Weltraumschiffe in St. Louis/USA

Am Sonntag, dem 10. November 1963, besuchte ich in St. Louis einen Vortrag, den Buck Nelson von Mountain View, Missouri, hielt. Der Vortrag war frei, an der Tür stand eine Gabenbüchse und ein Verkaufstisch für Bucks Bücher. Der Vortrag war in der lokalen Tageszeitung angezeigt worden. Ich schätzte die Zahl der Anwesenden auf mehr als 100.

Der Vortrag bestand aus zwei Teilen, dem eigentlichen Vortrag von Buck und dann der Vorführung von Dias, zu denen Buck laufend Kommentare gab. Er war bekleidet mit einem schottisch kariertem Hemd und Overall, diese Art Bekleidung ist anscheinend seine "Warenmarke"! Buck begann seinen Vortrag mit der Feststellung, daß er gegen den Kommunismus ist und daß die Regierung ihm in seinem Wirken hilft. Ein Angestellter der Regierung hatte ihm eine Schreibmaschine geschenkt, die Küstenwache hatte ihm ein Foto von UFOs geschickt, die Atom-Energie-Kommission hatte ihm ein Foto geschickt von der pilzförmigen Wolke, die von einer Atombombenexplosion erzeugt wird. Durch die Wolke ging ein Streifen, der nach Bucks Behauptung den Weltraumleuten zuzuschreiben war. Dieser Streifen wurde von einem Feuerball verursacht, den die Weltraumleute dorthin geschickt hatten zu dem Zweck, die tödlich radioaktiven Fallouts zu verhüten. Dias von diesen Fotos wurden später auch gezeigt.

Buck sagte auch noch, daß Beamte des FBI (Federal Bureau of Investigation) bei ihm hereinschauen und sich bei ihm wie zu Hause fühlen. Sie kommen einfach herein, wenn er sein Mittagessen kocht und sagen nur: "Hallo, Buck, ich bin wieder da." Buck sagt, die Regierung weiß, daß er recht hat, aber sie kann das nicht laut aussprechen wegen der "herrschenden Mächte". Es stelle sich heraus, daß diese "herrschenden Mächte" große Unternehmen sind (wie z.B. die Elektrizitätsgesellschaften etc.). Es scheint, daß unsere Besucher aus dem Weltraum wissen, wie man billige Kraft herstellt. Buck bekommt die ganze Kraftvesorgung für seine Farm aus dem Nichts.*)

Auch der Staat hilft Buck. So bauten sie eine Straße für ihn und ersetzten damit den Feldweg von seiner Farm zur Landstraße. Sie mußten das tun, sagt er, wegen der riesigen Menschenmengen, die zu seinen Konventen kommen. Daß Buck ein Kämpfer gegen den Kommunismus wurde, ist anscheinend der Enderfolg dieses Straßenbaus.

Buck ist auch gegen ungerechte Verkehrsgesetze (warum, ist mir nie ganz klargeworden). Um diesen Feldzug zu verteidigen, zitierte er einen sieben Seiten langen Artikel, der in der Aprilausgabe von "Popular Science" erschienen war.

Das obige war natürlich sehr interessant, aber nicht der Hauptgrund für seinen Vortrag in St. Louis. Er war hier, um uns von seinen Besuchen auf der Venus, dem Mars und dem Mond zu erzählen.

Hier folgt nun sein Bericht, dessen Inhalt der Leser aus dieser Broschüre kennt. D.H.

Buck hat einiges mitgeteilt, was bekanntgemacht werden sollte. Er behauptet, daß er in seinem ersten Buch die Rückseite des Mondes genau richtig beschreiben hätte. Die von den Russen geschossene Mond-Fotografie**) stimmt mit seiner ersten Beschreibung überein, was nur zweierlei bedeuten kann: 1. die Russen haben sein Buch

---

*) Also muß er den Apparat wieder neu gebaut haben, was sehr einleuchtend ist. D.H.

**) Siehe Bild Nr. 1 "Das sowjetische Foto von der Mondrückseite" in UFO-Nachrichten Nr. 40, Dez. 1959, Seite 1, D.H.

gelesen oder 2. er hat recht gehabt und die Mond-Fotografie hat das bestätigt. Das ist soweit schön und gut; jedoch später in seinem Vortrag erwähnte er, daß die Weltraumleute ihn dahin informiert hätten, daß der Mond weiter von der Erde entfernt wäre, als wir denken. Es ist wohl kaum anzunehmen, daß die Russen sich in der Entfernung für ihre Aufnahme verrechnet haben, um die Fotografie zu erhalten. Die Möglichkeit, daß sie sein Buch gelesen und Fotos entspechend seiner Beschreibung hergestellt haben, ist eine Schlußfolgerung, die ich dem Leser überlasse ...

Alles in allem verbrachte ich zwei erstaunliche Stunden.

Raymond Nelke, Jennings, Missouri

Aus "Sanser Researcher", Jan./Febr. 1964.

Nachwort

Es ist ein eigentümlicher Zauber, der von diesem Bericht eines einfachen Mannes ausgeht. Vielleicht ist es gerade diese Schlichtheit seines Wesens, die stärker zur Wirkung kommt als Ausstrahlung. Man liest so manches Buch eines gewandten, sprachmächtigen Schriftstellers, der trotzdem keinen derartigen Eindruck hinterläßt. Es mag wohl sein, daß es daran liegt, daß man den bedeutenden Schriftstellern überwiegend mit dem Intellekt aufnimmt, während man Buck Nelsons Bericht mit dem Herzen liest.

Man muß, ob man will oder nicht, diesem Manne aufrichtige Sympathie entgegenbringen. Es mag manchen der Leser vielleicht übertrieben anmuten, wenn wir sagen, irgend etwas in diesem Buck Nelson erinnert an den hl. Franziskus, die Reinheit seines der echten Demut fähigen Wesens, die ungetrübte, stille Aufrichtigkeit und Bescheidenheit, sie nehmen sogleich für ihn ein. Wie manch' anderer würde vor Stolz über die ihm gewordene Auszeichnung so ganz ungewöhnlicher Art anschwellen, in seiner Person etwas Besonderes erblicken, er würde sich von nun an deutlich von seinen Mitmenschen ab- und herausgehoben fühlen und dies auch nach außen hin zu zeigen bemüht sein. Wie anders dagegen Buck Nelson! Und deshalb muß man ihn ins Herz schließen. Er ist, um es einmal drastisch auszudrücken, ein Prachtexemplar im Gewimmel der anderen, die zumeist entweder Egoisten mit oft recht engem Horizont oder aber Gebildete mit einer kräftigen Portion Überheblichkeit ausgestattet zu sein pflegen. Sofern sie Wissenschaftler sind, kommt noch die bekannte Störrischkeit hinzu, mit der sie sich grundsätzlich gegen Neues wehren.

Bei Buck Nelson fühlt man es deutlich: er ist dankbar und gläubig. Wenn man die letzten Sätze dieses erregenden Berichtes gelesen hat, muß man erst mal tief Luft holen, so sehr war man verstrickt in dieses außerordentliche Ereignis seiner riesigen Reise. Kaum läßt sich eine Art betrübter Sehnsucht unterdrücken, daß man seines Glükkes nicht in ähnlicher Form teilhaftig werden kann. Bescheiden wir uns also auf eine herzliche Mitfreude und auf den aufrichtigen Wunsch, es möge ihm noch mehrmals Gelegenheit geboten werden zu erneuten Reisen. Wir grüßen Buck Nelson mit der Empfindung brüderlicher Liebe und Achtung.

E. Sto.

Bücher des
VENTLA-Verlages Nachfolger,
Hohenzollernstraße 9, 33330 Gütersloh

Adamski, George: ISBN-Nr.: 3-929380-01-3;	**Im Innern der Raumschiffe** DM/sfr 39,00, öS 300
Adamski/Guanter: ISBN-Nr.: 3-929380-24-2;	**Sternenmenschen** DM/sfsr 25,00, öS 200
Ashtar: ISBN-Nr.: 3-929380-03-X;	**In kommenden Tagen** DM/sfr 22,00, öS 170
Ashtar/Anahata: ISBN 3-929380-32-3	**Die Kinder der Zwischenwelt** DM/sfr 29,00, öS 220
Berlet, Artur: ISBN-Nr.: 3-929380-05-6;	**Im Raumschiff von Planet zu Planet** DM/sfr 24,00, öS 190
Bühler, Walter K.: ISBN-Nr.: 3-929380-06-4;	**40 Begegnungen mit Außerird. in Brasilien** DM/sfr 29,70, öS 230
Dean, Barbara: ISBN-Nr.: 3-929380-25-0;	**Sterntaler - Mein Leben mit den Santinern** DM/sfr 33,00, öS 260
Dibitonto, Giogio: ISBN-Nr.: 3-929380-07-2;	**Engel in Sternschiffen** DM/sfr 33,00, öS 260
Drake: ISBN.-Nr.: 3-929380-36-6	**Besucher aus dem Weltraum** DM/sfr 18,00, öS 140
Fry, Daniel: ISBN-Nr.: 3-929380-08-0;	**Mein UFO-Erlebnis von White Sands** DM/sfr 21,60, öS 170
Geigenthaler, Adolf: ISBN-Nr.: 3-929380-22-6;	**UFO's außerirdische Weltraumschiffe existieren wirklich (z.Zt. vergriffen)** DM/sfr 39,00, öS 300
Klarer, Elizabeth: ISBN-Nr.: 3-929380-09-0;	**Erlebnisse jenseits der Lichtmauer** DM/sfr 39,00, öS 300

Klarer, Elizabeth: ISBN.-Nr.: 3-929380-34-X	**Ich flog über den Drakensberg** DM7sfr 18,00, öS 140
Leona, G. S./K. und A. Veit: ISBN-Nr.: 3-929380-10-2;	**Evakuierung in den Weltraum** DM/sfr 39,00, öS 300
Magocsi, Oscar: ISBN-Nr.: 3-929380-11-0;	**Meine Freunde aus dem Weltraum** DM/sfr 27,30, öS 210
Magocsi, Oscar: ISBN-Nr.: 3-929380-12-9;	**Meine Weltraum-Odyssee in UFOs** DM/sfr 30,90, öS 240
Magocsi, Oscar: ISBN-Nr.: 3-929380-29-3;	**Raumodyssee in UFOS;** **Die Buzz Andrews Story & danach** DM/sfr 29,00, öS 190
Mutter Maria/Guanter: ISBN-Nr.: 3-929380-31-5;	**Worte für jeden Tag** DM/sfr 39,00, öS 300
Miller, Dick: ISBN-Nr.: 3-929380-13-7;	**Dick Millers Kontakte mit Sternenmenschen** DM/sfr 19,80, öS 160
Nelson, Buck: ISBN-Nr.: 3-929380-42-0;	**Meine Reise zum Mars, zum Mond und zur Venus** DM/sfr 22,00, öS 170
Renate-Czea: ISBN-Nr. 3-929380-40-4	**Ansprache der Flottencommander** DM/sfr 29,00, öS 230
Renaud, Bob: ISBN-Nr: 3-929380-15-3;	**Meine Kontakte mit Außerirdischen (III)** DM/sfr 18,00, öS 140
Sumner, Dr. F.W.: ISBN-Nr. 3-929380-23-4;	**Das kommende Goldene Zeitalter** DM/sfr 12,00, öS 90 (Neuauflage ab ca. 6/97)
Tuella: ISBN-Nr.: 3-929380-16-1;	**In Erden-Mission** DM/sfr 39,00, öS 300
Tuella: ISBN-Nr.: 3-929380-30-7;	**Projekt Welt-Evakuierung** DM/sfr 24,00, öS 190
Tuella: ISBN-Nr.: 3-929380-27-7;	**Weltbotschaften für dieses Jahrzehnt** DM/sfr 29,00, öS 220

Veit, Karl: **Außerird. Weltraumschiffe sind gelandet**
ISBN-Nr.: 3-929380-17-X; DM/sfr 5,00. 4ß

Veit, Karl: **Dokumentarbericht 1967**
ISBN-Nr.: 3-929380-18-8; DM/sfr 15,00, öS 120

Veit, Karl: **Dokumentarbericht 1972**
ISBN-Nr. 3-929380-19-6; DM/sfr 15,00, öS 120

Veit, Karl: **Dokumentarbericht 1975**
ISBN-Nr.: 3-929380-20-X; DM/sfr 15,00, öS 120

Veit,Karl: **Interplanetarische Flugobjekte**
ISBN-Nr.: 3-929380-21-8; **(24 Postkarten)**
DM/sfr 15,00, öS 120

Paketpreis: **Dokumentarbericht 1967**
Dokumentarbericht 1972
Dokumentarbericht 1975
Interplanetarische Flugobjekte
DM/sfr 50,00, öS 380

zusammengestellte Botschaften: **Der Kosmische Meister Jesus spricht**
DM/sfr 24,00, öS 190 (ab ca. März 1997)

VENTLA-Verlag Nachfolger,
Hohenzollernstraße 9, D-33330 Gütersloh
Postfach 3112, 33261 Gütersloh
Telefon: (0 52 41) 2 47 50
Fax: (0 52 41) 2 85 20

(Gesamtverzeichnis kostenlos erhältlich)